Carina Ey-Ehlers

Hochbegabte Kinder in der Grundschule -

eine Herausforderung für die pädagogische Arbeit unter besonderer Berücksichtigung von Identifikation und Förderung

Carina Ey-Ehlers

HOCHBEGABTE KINDER IN DER GRUNDSCHULE -

eine Herausforderung für die pädagogische Arbeit unter besonderer Berücksichtigung von Identifikation und Förderung

ibidem-Verlag
Stuttgart

Die Deutsche Bibliothek - CIP-Einheitsaufnahme:

Ein Titeldatensatz für diese Publikation ist bei
Der Deutschen Bibliothek erhältlich

∞

Gedruckt auf alterungsbeständigem, säurefreien Papier
Printed on acid-free paper

ISBN: 3-89821-084-7

Printed in Germany

INHALTSVERZEICHNIS

Als eine Mutter[1] das erste Mal mit ihrem Sohn (11 Jahre) über die Hochbegabtenproblematik sprach, hat sie ihm eine Strichmännchenzeichnung gezeigt, die erklärt, wie Hochbegabte in der Schule demotiviert werden, weil die Ziele für sie zu niedrig angesetzt sind. Die Striche über dem Kopf symbolisieren die Lernziele in bezug auf das Kind. Nach der Lernpsychologie findet das effektivste Lernen dann statt, wenn die Anforderungen leicht über dem Bewältigungsniveau der Kinder liegen. Kinder werden ihre Aufmerksamkeit weder vollständig bekanntem noch zu schwierigem Material zuwenden (vgl. Rost, Hochbegabung in der Kindheit 1989, S.71). Folglich müssen die Ziele so gesetzt sein, daß Kinder sie mit einer gewissen Anstrengung erreichen können (siehe normalbegabt – NB). Haben sie das Ziel erreicht, entsteht aus der Befriedigung die intrinsische Motivation sich für die Erreichung des nächsten Zieles anzustrengen. Ist das Ziel zu hoch angesetzt (siehe schwachbegabt – SB), wird das Kind überfordert und frustriert, weil es trotz Anstrengung nicht zum Ziel kommt. Ist das Ziel zu niedrig angesetzt (siehe hochbegabt – HB), wird das Kind unterfordert und frustriert, weil es sich nicht anstrengen muß. So kann sich weder Anstrengungsbereitschaft noch Motivation entwickeln. Während sie erklärte, malte der Sohn konstant. Dann sagte er zu ihr: "Mama, Dein Bild gefällt mir nicht, nimm dieses." Sie

[1] In einem persönlichen Gespräch mit einer Mutter eines hochbegabten Kindes wurde mir die obige Skizze zur Verfügung gestellt. Aus ihrer eigenen Betroffenheit heraus ist die Mutter, selbst Grundschullehrerin, heute äußerst engagiert in der Hochbegabtenförderung tätig. Für den Bereich Weser-Ems hat sie den gemeinnützigen Verein zur Förderung hochbegabter Kinder "Vulkan" mitbegründet. Die Skizze ihres Sohnes ist deshalb auch in die Vereinsbroschüre 1999, S.8 eingegangen.

schaute sich die Zeichnung an (siehe oben). Er erklärte die Zeichnung folgendermaßen: "Beim schwachbegabten Kind habe ich nur zwei Tränen gemalt. Es ist sicher auch traurig, aber ihm wird ja geholfen. Es gibt Förderstunden, der Lehrer baut Zwischenschritte ein und dann gibt es Sonderschulen. Beim hochbegabten Kind habe ich vier Tränen gemalt. Für diese Kinder passiert ja überhaupt nichts. Eigentlich ist die Sprechblase auch nicht ganz richtig. Die Kinder rufen ja nicht um Hilfe. Es ist nur in ihnen drin. Aber das hört ja niemand." Das hochbegabte Kind erweiterte die Zeichnung um ein weiteres Strichmännchen (siehe rechts). Dieses sollte verdeutlichen, daß dem hochbegabten Kind geholfen werden kann, indem die Lernziele entsprechend auf seine Bedürfnisse abgestimmt werden. Insbesondere zeigt der Gesichtsausdruck die Veränderung der Situation des hochbegabten Kindes, wenn die an ihn gestellten Anforderungen leicht über dem Bewältigungsniveau liegen.

Einleitung

Das Interesse an Hochbegabten besteht nicht erst seit der Einführung der allgemeinen Schulpflicht oder seit der Etablierung von Pädagogik und Psychologie als wissenschaftliche Disziplinen. Vielmehr läßt sich das Thema Hochbegabung in der Geschichte der Menschheit sehr weit zurückverfolgen, auch wenn die Hochbegabtenforschung in der Bundesrepublik Deutschland bis Anfang der 80er Jahre – von wenigen Ausnahmen abgesehen – nur eine marginale Rolle gespielt hat. Es gab lediglich eine intensive Förderung von Spitzenbegabungen in einzelnen Bereichen, z.B. im Sport und in der Musik bzw. im Rahmen verschiedener Wettbewerbe, wie "Jugend forscht", "Jugend musiziert", Bundeswettbewerb "Mathematik" u.a. In den letzten Jahren allerdings hat das Thema Hochbegabung in der bildungspolitischen Diskussion zunehmend Aufmerksamkeit gefunden. Über eine alle zwei Jahre stattfindende "Weltkonferenz über hochbegabte und talentierte Kinder", die 1985 erstmals in der Bundesrepublik Deutschland stattfand, ist ein internationaler Erfahrungsaustausch organisiert. Auch ein zunehmendes Interesse der allgemeinen Öffentlichkeit zeigt sich in den Printmedien, sowie im Funk und Fernsehen. So gab es vor etwa 20 Jahren in Deutschland noch kaum aktuelle Literatur zur Hochbegabung im Kindes- und Jugendalter, zu hochbegabten Schülern[2] und Vorschulkindern. Inzwischen hat sich das Bild gewandelt. Es sind eine ganze Reihe von Büchern, bei einer deutlich steigenden Tendenz in den letzten Jahren, erschienen.

Das Thema "Hochbegabung" ist insbesondere für die pädagogische Arbeit in der Grundschule von besonderer Relevanz, da der Grundschule in der Schulbiographie des Kindes eine besondere Bedeutung zukommt. Hier machen die Kinder ihre ersten Schulerfahrungen. Dabei entscheidet sich viel über ihre weitere Einstellung zur Schule, über das Zutrauen, das sie zu sich selbst entwickeln, über ihre Leistungsmotivation und Lernfreude. Da nahezu alle hochbegabten Kinder auch einmal die Grundschule durchlaufen, kommt ihr eine "Pförtnerrolle" für das Erkennen und Fördern zu. Die Bedeutung des Erkennens von Hochbegabung wird um so deutlicher, wenn man sich

[2] Aus Gründen der einfacheren Lesbarkeit verwende ich bei Personen die traditionelle männliche Form, die jedoch stets beide Geschlechter in gleicher Weise meint.

vergegenwärtigt, daß in Deutschland etwa die Hälfte der hochbegabten Kinder nicht identifiziert wird (vgl. Wagner, Erkennung hoch begabter Kinder und Jugendlicher 1998, S.119). Ein zentraler Grund für die Beschäftigung mit diesem Thema ist vor allem die Sorge um das Erkennen von Hochbegabung und eine angemessene Förderung hochbegabter Kinder in der Grundschule.

Das Ziel dieser Arbeit, die für gleiche Entfaltungschancen schwach-, normal-, und hochbegabter Schüler eintritt, ist es zu klären, ob Hochbegabtenförderung als eine wichtige Aufgabe und notwendige Funktion des Bildungssystems anzusehen ist. Dabei ist das Interesse auf die pädagogische Arbeit in der Grundschule gerichtet, insbesondere auf die Bereiche der Identifikation und Förderung von hochbegabten Kindern. Die von Seiten der Kritiker vorgebrachten Argumente gegen eine Hochbegabtenförderung, die im folgenden kurz aufgezeigt werden, machen eine intensive Auseinandersetzung mit diesem Thema notwendig. Das erste Argument der Kritiker betrifft die Forderung nach Chancengleichheit, diese bedeute, daß alle Kinder gleich behandelt werden, daß besondere Hilfen höchstens den Schwachen und Hilflosen zuteil werden – und die werden keinesfalls bei den Hochbegabten vermutet. Außerdem seien die Hochbegabten schon von Natur aus bevorzugt worden und setzen sich ohnehin durch. Darüber hinaus benachteilige Hochbegabtenförderung die Förderung anderer. Somit ist zu überprüfen, inwiefern Hochbegabtenförderung ein wichtiger Bestandteil eines ausgewogenen und differenzierten Bildungswesens ist. Insofern werden in der vorliegenden Arbeit, nach einer eingehenden Beschäftigung mit dieser Thematik im Hauptteil, diese Argumente in der Evaluation wieder aufgegriffen und kritisch bewertet.

Aufgrund der bestehenden großen Heterogenität der Begabungen, Interessen und Verhaltensweisen in der Grundschule, soll Ausgangspunkt dieser Arbeit die unbestreitbare Existenz verschiedenster Begabungs- und Fähigkeitsniveaus sein. Denn "nur wenige Beobachter werden verleugnen, daß es auf jeder Stufe in jeder Klasse eine kleine Anzahl von Individuen gibt, die sich durch spezifische Charakteristika und Eigenschaften wie schnelles Auffassungsvermögen für Ideen, hohe Konzentrationsfähigkeit, ungewöhnlich effektive Organisation und Verfügbarkeit von Informationen auszeichnen" (Wieczerkowski / Cropley, Preface 1986, S.11).

Hochbegabung wird häufig in die vier Begabungsbereiche intellektuelle Hochbegabung, musisch-künstlerische Hochbegabung, psychomotorische Hochbegabung und soziale Hochbegabung unterschieden (vgl. Bongartz / Kaißer / Kluge, Die verborgene Kraft 1985, S.51). Die vorliegende Arbeit bezieht sich auf den Bereich der intellektuellen Hochbegabung, da zur Förderung psychomotorisch oder musisch-künstlerisch Hochbegabter Sport-, Musik- und Kunstschulen, sowie private außerschulische Initiativen zur Verfügung stehen. Für die intellektuelle Hochbegabung finden sich hingegen beinahe keine Förderstrukturen vor: es gibt wohl kaum "intellektuelle Sportvereine" und "Instrumentalunterricht für die grauen Zellen", ebenso gilt gleiches für eine Früherziehung von intellektuell Hochbegabten. Weiterhin besteht nahezu keine gezielte Suche und Förderung für herausragende geistige Talente. Die soziale Hochbegabung findet im Rahmen dieser Arbeit keine Berücksichtigung, da dieser Bereich der Hochbegabung in der Wissenschaft bisher nur am Rande Erwähnung findet. Auf die Problematik des Erkennens und Entdeckens von Hochbegabungen bei Kindern aus sogenannten benachteiligten Bevölkerungsgruppen, sowie auf geschlechtsspezifische Unterschiede zur Hochbegabung soll nicht vertiefend eingegangen werden, weil eine Beschäftigung mit diesen Spezialthemen den Rahmen überschreiten würde.

Mit dem Anliegen, sich dem Thema "Hochbegabte Kinder in der Grundschule – eine Herausforderung für die pädagogische Arbeit unter besonderer Berücksichtigung von Identifikation und Förderung" vorsichtig zu nähern und Ursprünge der Hochbegabtenforschung aufzuzeigen, wird in Kapitel 1 die geschichtliche Entwicklung der schulischen Förderung Hochbegabter von der Frühzeit bis zur Gegenwart dargestellt. Die geschichtliche Darstellung bezieht sich im wesentlichen auf das Gebiet der Bundesrepublik Deutschland, die Entwicklung in anderen Ländern wird nur insoweit berücksichtigt, als sie historisch aufschlußreich ist. Dieser historische Exkurs erscheint notwendig, um sich zu Beginn dieser Arbeit der Bedeutsamkeit des Themas Hochbegabung über einen Zeitraum von über zwei Jahrtausende bis zum heutigen Zeitpunkt bewußt zu werden. Im darauffolgenden 2.Kapitel erscheint es deshalb sinnvoll, zu klären, welche Kinder als hochbegabt anzusehen sind, da gerade dies auch maßgeblich vom Zeitgeist mitbestimmt wird. In diesem Zusammenhang wird dementsprechend die Definitionsproblematik dargelegt und ausgewählte Definitionen vorgestellt. Nach diesem Überblick über die unterschiedlichen Definitionen werden in Kapitel 3 die Hochbegabungsmodelle, die in diesem Kontext von Bedeutung sind, beschrieben und anschließend kritisch bewertet. Dies erscheint besonders vor dem Hintergrund der neuerdings heftig geführten Kontroverse um das Begabungskonzept in der Hochbegabungsforschung erforderlich. Da an dieser Stelle die entscheidenden Erkenntnisse aus der Hochbegabungsforschung als Grundlage dieser Arbeit herausgestellt werden, erscheint es nun relevant, den Bezug zum intellektuell hochbegabten Kind in der Grundschule herzustellen. Demzufolge steht die Persönlichkeitsentwicklung intellektuell hochbegabter Kinder im Mittelpunkt des 4.Kapitels. Insbesondere werden charakteristische Merkmale, die sozial-emotionale Entwicklung im Schulalter und erwartungswidriges Verhalten erörtert. Im Hinblick auf das folgende 5.Kapitel ist dies von besonderem Interesse, da hier die Identifikation von Hochbegabung erläutert wird. Dies erfolgt unter besonderer Berücksichtigung von Verfahren, Anwendung und Zeitpunkt der Identifikation. Identifikation und Förderung Hochbegabter sind als eine Funktionseinheit zu betrachten. So sollte das Erkennen einhergehen mit Fördern, da ansonsten die Identifikation nur dem Selbstzweck dienen würde. Aus diesem Grund beschäftigt sich Kapitel 6 ausführlich mit der Förderung hochbegabter Schüler in der Grundschule. Inhaltlich wird auf die rechtlichen und organisatorischen Rahmenbedingungen, auf Grundsätze der Förderung für die Unterrichtsgestaltung und auf die verschiedenen Förderungsformen eingegangen. Jedes Kapitel schließt mit einer kritischen Zusammenfassung, in der es mir besonders wichtig erscheint, bedeutende und kritische Aspekte in einer Gesamtbetrachtung hervorzuheben und entsprechend zu reflektieren und gegebenenfalls neu zu ordnen, um damit richtungsweisende Aspekte für diese Arbeit zu betonen. In der Evaluation (Kapitel 7) findet eine abschließende Betrachtung statt. Daneben werden die Defizite in der derzeitigen Hochbegabungsforschung aufgezeigt. Der persönliche Standpunkt wird in der aufgezeigten Kontroverse um die Beschäftigung mit der Hochbegabtenförderung deutlich.

1 Geschichte der schulischen Förderung Hochbegabter

In der Geschichte der Menschheit läßt sich das Thema Hochbegabung sehr weit zurückverfolgen, da das Interesse an Hochbegabten eine Tradition von mehr als zwei Jahrtausende vorzuweisen hat (vgl. Urban, Hochbegabtenerziehung weltweit 1984, S.1). Beschreibungen hochbegabter Menschen lassen sich immer wieder finden, aber auch Konzepte und Theorien zur Hochbegabung sind nicht neu. Philosophen und politische Führer früherer Jahrhunderte haben häufig über die Erziehung von hochbegabten Kindern nachgedacht, um für sie besondere Maßnahmen und Anstrengungen zu unternehmen, die der Weiterentwicklung und Stärkung der jeweiligen Gesellschaften dienen sollten (vgl. Heinbokel, Hochbegabte 1988, S.19). Die Sicht des Begriffs Hochbegabung wird somit immer wesentlich durch den Zeitgeist, Wertvorstellungen, kulturell-philosophische Strömungen und von den persönlichen Konstanten der Vertreter der unterschiedlichen theoretischen Sichtweisen bestimmt (vgl. Feger, Hochbegabung 1988, S.53).

In diesem Zusammenhang darf bei der Darstellung der schulischen Förderung nicht übersehen werden, daß schulische Ausbildung bis zum Erlaß einer allgemeinen Schulpflicht stets ein Privileg der Reichen war. Die Unterrichtung besonders Begabter erfolgte nur in den seltensten Fällen aus Menschenliebe oder aus Interesse an der Persönlichkeitsentfaltung des Einzelnen (vgl. Fels, Identifizierung und Förderung Hochbegabter in den Schulen der Bundesrepublik Deutschland 1999, S.56). Politische, geistliche oder wirtschaftliche Interessen standen viel mehr im Vordergrund, als das Recht des Kindes, seine Neugier und seinen Wissensdurst zu befriedigen (vgl. Heinbokel, Hochbegabte 1988, S.22).

Bei den folgenden Ausführungen sollen fünf zeitliche Blöcke voneinander unterschieden werden – die Zeit bis 1850, die Zeit bis 1933, die Zeit des Nationalsozialismuses, die Jahre nach dem Zweiten Weltkrieg bis 1980 und der Zeitraum ab 1980. In der Perspektive dieser Arbeit sind jene Zeitpunkte in der Geschichte von Interesse, an denen von einer Nutzung der Fähigkeiten der besonders Begabten[3] zu einer gezielten Suche, Auswahl, Erziehung und Ausbildung übergegangen wurde. Im folgenden soll dieser Aspekt der Geschichte der Hochbegabung dargestellt werden, allerdings bleibt anzumerken, daß die Geschichte der schulischen Förderung Hochbegabter nicht von einer kontinuierlichen Beschäftigung mit dem Thema geprägt ist. Vielmehr ist darauf hinzuweisen, daß es immer wieder Phasen gab, in denen die Thematik unbeachtet blieb. Dementsprechend wird eine zusammenhängende Darstellung erschwert.

1.1 Der Zeitraum bis 1850

Der Philosoph Konfuzius (551-479 v.Chr.), der als Reformer des chinesischen Schulsystems wirkte, hatte als einer der ersten über die systematische Entwicklung besonders begabter Kinder nachgedacht und glaubte, daß hochbegabte Kinder ausgesucht und ihre Fähigkeiten gefördert werden sollten (vgl. Lukesch, Einführung in die Pädagogische Psychologie 1995, S.314). Bereits damals verglich man Kinder, die durch Unterricht und Kontakt zu ähnlichen Begabten gefördert worden waren, mit nicht geförderten. Diese Vergleiche ergaben, daß letztere sich als Erwachsene nicht oder nur wenig über das Niveau ihrer Umgebung erhoben. Die Schlußfolgerung lag nahe, daß sich die Begabung des einzelnen nur in Gemeinschaft mit anderen gut befähigten Persönlichkeiten sowie bei entsprechender Ausbildung und Betreuung entfalten könne (vgl. Urban, Hochbegabtenerziehung weltweit 1984, S.2).

Auch der griechische Philosoph Plato (427-347 v.Chr.) verlangte, daß besonders begabte Kinder aufgefunden, ausgewählt und gefördert werden müßten. Plato glaubte, daß das Überleben der griechischen Demokratie von der Erziehung der Heranwachsenden abhinge, die in führenden Positionen arbeiten sollten (vgl. Mönks, Entwicklungspsychologische Aspekte der Hochbegabtenforschung 1981, S.39). Somit diente bei Plato die gezielte Erziehung nicht primär dem Wohl der Kinder, sondern vor allem den Interessen des Staates.

[3] In dieser Arbeit werden die Formulierungen "besonders Begabte" und "Hochbegabte", sowie "besondere Begabung" und "Hochbegabung" synonym verwendet.

Unter dem Einfluß des Christentums wurden die begabten Kinder und Jugendliche insofern gefördert, als daß seit dem 8.Jahrhundert Klosterschulen und nach dem 11.Jahr-hundert Stift- und Domschulen zur Heranbildung des kirchlichen Nachwuchses entstanden (vgl. Persönlichkeitsentwicklung Hochbegabter, Mehlhorn u.a. 1988, S.25).

In der Schrift von 1524 "An die Ratsherren aller Stände deutschen Landes, daß sie christliche Schulen aufrichten und halten sollen" (Feger, Hochbegabung 1988, S.31) sprach Luther (1483-1546) sich dafür aus, daß die tüchtigsten unter den Kindern die Schule länger besuchen sollten, um im Anschluß zu Lehrern und Predigern ausgebildet werden zu können. 1530 forderte Luther schließlich einen Schulzwang für die Begabten (vgl. ebd., S.31). Die Bedeutung einer solchen Forderung läßt sich erst dann ermessen, wenn man berücksichtigt, daß die allgemeine Schulpflicht auch zweihundert Jahre nach dieser Forderung in Deutschland noch nicht überall verwirklicht worden war.[4]

Im 16.Jahrhundert unternahm der türkische Sultan Suleiman der Prächtige (1520-1566) besondere Anstrengungen, um hochbegabte Kinder und Jugendliche im türkischen Reich aufzufinden. Diese erhielten in speziellen Anstalten Unterricht in Religion, Naturwissenschaften, Philosophie, Kriegsführung und in den Künsten. Seine Talentsucher, die die Bevölkerung in regelmäßigen Abständen durchforschten, waren in der Lage, eine große Gruppe hervorragender Individuen zum Wohl des Osmanischen Reiches auszuwählen und zu erziehen (vgl. Bongartz / Kaißer / Kluge, Die verborgene Kraft 1985, S.10).

[4] Schulpflicht im Sinn von Unterrichtspflicht bzw. Bildungspflicht wurde 1717 in Preußen eingeführt, d.h., Kinder, die nicht anderweitig Unterricht erhielten (durch Hauslehrer, in Internaten), mußten die Volksschule besuchen. Die Schulpflicht mußte damals gegen die weit verbreitete Kinderarbeit durchgesetzt werden. Allgemeine Schulpflicht im eigentlichen Sinn, als eine auf juristischer Grundlage basierende Verpflichtung, in bestimmtem Umfang Schulen zu besuchen, wurde in der Weimarer Verfassung (Artikel 145) 1919 eingeführt, d.h., alle Kinder wurden in eine bestimmte Schulart (Grundschule) eingeschult (vgl. Hinz, "Wenn ich ein Schulkind bin!" 1996, S.3-6 und Brockhaus - Enzyklopädie 1992, S.557).

Im 17.Jahrhundert schrieb Comenius (1592-1670) über Personen mit einer ungewöhnlichen Lernbegabung und setzte sich dafür ein, daß Schülern, die aus armen Familien stammten, finanzielle Hilfe gewährt werden sollte (vgl. Whitmore, Giftedness, Conflict and Underachievement 1980, S.4).

Fichte (1762-1814) verlangte in seinen "Reden an die deutsche Nation" (1807/1809), daß nur die Begabten, dann allerdings ohne Ansehen von Geburt und Stand, zu den gelehrten Studien zugelassen werden sollten (vgl. Feger, Hochbegabung 1988, S.31).

1.2 Der Zeitraum von 1850 bis 1933

Galton[5] (1822-1911) beschäftigte sich systematisch mit der wissenschaftlichen Erforschung begabter Persönlichkeiten. Bis in die Gegenwart hat seine Auffassung von der dominierenden Rolle des genetischen Erbes die Intelligenzforschung stark beeinflußt (vgl. Böttcher, Lebenswelt sprachlich unterschiedlich begabter Kinder 1994, S.14). Sein bleibender Verdienst besteht darin, daß er hochbegabte Persönlichkeiten als natürlichen Teil der menschlichen Population ansah, "der hinsichtlich seiner Intelligenz auf dem äußersten Rand der Normalverteilungskurve lag" (Persönlichkeitsentwicklung Hochbegabter, Mehlhorn u.a. 1988, S.27).

Vor der Jahrhundertwende kam es in vielen Ländern Europas, doch vor allem in Deutschland zu einer reformpädagogischen Bewegung (vgl. Böhm, Wörterbuch der Pädagogik 1994, S.570), die sich von der "alten Schule" des 19.Jahrhunderts distanzieren wollte. Es entstanden alternative Schul- und Unterrichtsformen, die sich der gezielten Förderung der verschiedenen Begabungs- und Fähigkeitsniveaus innerhalb des regulären Unterrichts widmeten. In der Diskussion um die Einheitsschule wurde die Frage der Behandlung hochbegabter Schüler wiederholt angesprochen (vgl. Feger, Hochbegabungsforschung und Hochbegabtenförderung in Deutschland 1986, S.71).

---

[5] Galton, ein Cousin von Charles Darwin, wurde durch dessen Buch über die Entstehung der Arten angeregt, nach den Ursachen der menschlichen Genialität zu suchen (vgl. Böttcher, Lebenswelt sprachlich unterschiedlich begabter Kinder 1994, S.14).

Sickinger, Stadtschulrat und Mitglied des geschäftsführenden Ausschusses für Schulreformen, gründete 1900 das Mannheimer Schulsystem, welches bis in die zwanziger Jahre bestand. Dort erfolgte die Klasseneinteilung der Volksschüler nach Begabung (Schwachbefähigte, Normal- und Gutbegabte), wodurch leistungshomogene Klassen gebildet wurden (vgl. Stamm, Hochbegabungsförderung in den Deutschschweizer Volksschulen 1992, S.22).

Ab 1909 entwickelten Simon (1873-1961) und Binet (1857-1911) einen Intelligenztest zur Auswahl und Förderung minderbegabter Kinder, welcher das erste standardisierte Bewertungsverfahren für intellektuelle Begabungen darstellte. Binet schlug, wahrscheinlich in Anlehnung an die getrennte Förderung minderbegabter Kinder, darüber hinaus vor, besondere Klassen für begabte Schüler einzurichten (vgl. Fels, Identifizierung und Förderung Hochbegabter 1999, S.59).

Der Vorschlag, statt des Intelligenzalters (Entwicklungsalters) einen Intelligenzquotienten (IQ) zu ermitteln, stammt von dem deutschen William Stern (1871-1938), einem Forscher, der sich in Hamburg der Frage der Hochbegabtenidentifikation und –förderung widmete (vgl. Feger, Hochbegabung 1988, S.33). Stern beklagte 1916, daß es ...

> ... seltsam [sei], daß bis jetzt nur diagnostische Verfahren für jene Kinder bestehen, um die wir uns wegen ihrer Behinderung kümmern müssen, aber nicht für solche, auf die wir hoffen können (Stern, Psychologische Begabungsforschung und Begabungsdiagnose 1916, S.114f.).

Aus diesem Grund forderte Stern die Schaffung erweiterter Ausbildungsmöglichkeiten für Hochbegabte sowie die Etablierung der Hochbegabungsforschung (vgl. Fels, Identifizierung und Förderung Hochbegabter 1999, S.61).

Lewis Terman (1877-1956) nahm 1916 eine umfassende Revision des von Binet und Simon entwickelten Intelligenztests vor, der fortan als "Stanford-Revision" bezeichnet wird und führte zugleich Sterns Vorschlag der Berechnung von IQ-Werten ein (vgl. Stamm, Hochbegabungsförderung in Deutschschweizer Volksschulen 1992, S.24). Für die empirische Hochbegabtenforschung war die von Terman 1921 an der Stanford University of California begonnene Langzeitstudie richtungsweisend, in der der Lebensweg von 1.500 hochbegabten Kindern, im Alter von fünf bis sechzehn Jahren mit einem Stanford-Binet Wert von über 140, verfolgt wurde (vgl. Böttcher, Lebenswelt sprachlich unterschiedlich begabter Kinder 1994, S.14).

Angeregt durch frühere Untersuchungen, war für Terman offenbar ein wesentliches Motiv, umfangreiches Material zur Widerlegung der verbreiteten Divergenzhypothese zu sammeln, die besagte, daß hohe und sehr hohe Intelligenz mit negativen physischen und psychischen Merkmalen korreliere und daß große Leistung durchweg mit emotionalen Störungen verbunden seien, die zu Abnormitäten hin tendieren (vgl. Lukesch, Einführung in die Pädagogische Psychologie 1995, S.312). Terman vertrat in der Folge die Konvergenzhypothese. Diese sagt aus:

> ... daß Hochbegabte auch physisch und psychisch gesund sind, daß ein hohes Maß an Harmonie zwischen den verschiedenen Persönlichkeitsmerkmalen besteht; mehr noch, Hochbegabte liegen u.a. in bezug auf körperliche Gesundheit weit über dem Durchschnitt. Divergenz muß eher als Ausnahme gesehen werden (Mönks, Entwicklungspsychologische Aspekte der Hochbegabtenforschung 1981, S.45).

Seine Ergebnisse widerlegten die weitverbreitete Meinung über die enge Verbundenheit von Genialität und Wahnsinn. Doch trug die Interpretation seiner Befunde zur Entstehung eines neuen Mythos bei, der unterstellt, daß hochintelligente Personen allgemein gesünder und psychisch stabiler seien als durchschnittlich intelligente Personen. Diese Ergebnisse gaben vermutlich der gegenwärtig immer noch populären Meinung Auftrieb, nach der sich Hochbegabung von selbst durchsetze und Hochbegabtenförderung unnötig sei (vgl. Stapf / Stapf, Berichte aus dem psychologischen Institut der Universität Tübingen 1986, S.6).

Die Terman-Untersuchung ist mittlerweile vielfach kritisiert worden (vgl. Urban, Zur Geschichte der Hochbegabtenforschung 1981, S.23 und Winner, Hochbegabt 1998, S.32f.). Neben einer Kritik an der Einengung des Hochbegabungsbegriffs auf eine außergewöhnliche hohe allgemeine Intelligenz sind es vor allem methodische Unzulänglichkeiten, die die Aussagekraft der Ergebnisse zumindest einschränken:

- Durch die Vorauswahl[6] der Lehrer vor dem eigentlichen Intelligenztest wurden möglicherweise potentiell "Hochbegabte" übersehen, wie die unangepaßten Schüler oder solche mit schlechten Schulleistungen, die sogenannten Underachiever.
- Der überproportionale Anteil von Kindern aus höheren sozioökonomischen Schichten erscheint als Folge der alleinigen Untersuchung von städtischen Bevölkerungsgruppen in Kalifornien, die im Vergleich zum übrigen Amerika einen relativ hohen Lebens- und Bildungsstandard hatten.
- Durch die Verwendung des Stanford-Binet Tests zur Identifikation wurden verbale Fähigkeiten überbetont, d.h. Kinder aus unterprivilegierten, sprachlich anregungsarmen Familien wurden benachteiligt.
- Es fehlt eine adäquate Kontrollgruppe. Ein Vergleich des Entwicklungsverlaufs der Hochbegabtengruppe mit einer Gruppe Gleichaltriger von vergleichbarem sozioökonomischem Status, aber mit durchschnittlichem oder auch unterdurchschnittlichem IQ ist nicht möglich.

Trotz dieser kritischen Einschränkungen ist der Terman-Studie ein relativ großer Umfang in dieser Arbeit eingeräumt worden und zwar:

- wegen der Einmaligkeit der Dauer der Längsschnittstudie und der Datenfülle; die bislang letzte Befragung der Probanden erfolgte im Jahr 1996, womit die Studie auch heute noch von aktueller Bedeutung ist (vgl. Schneider, Von Hochbegabung zur Leistungselite 1998, S.206),
- sind aus wenigen Sätzen die Implikationen und Folgerungen dieser Untersuchung nicht zu beurteilen,
- hat sie wie keine andere Arbeit die Geschichte der Hochbegabtenforschung geprägt und Wissenschaftler, Praktiker, Öffentlichkeit und Politiker beeinflußt.

[6] In Termans Untersuchung wurden die Lehrer gebeten, die besten Schüler und die Jüngsten zu nennen (vgl. Rost, Begabung und Begabungsförderung 1988, S.25).

Termans Lebensleistung als Begründer des "gifted child movements" bleibt unbestritten (vgl. Hany, Modelle und Strategien zur Identifikation hochbegabter Schüler 1987, S.12).

1.3 Der Zeitraum von 1933 bis 1945

Die Machtergreifung durch die Nationalsozialisten im Jahr 1933 bedeutete sowohl für die Hochbegabungsforschung als auch für die Hochbegabtenförderung das Ende:

> Traditionelle Forschungsrichtungen, wie z.B. die Unterrichts- und Lehrplanforschung mit ihrer schulkritischen Komponente, verschwanden völlig, vor allem aber das älteste und bedeutendste Anliegen der pädagogischen Psychologie ..., nämlich die Arbeiten zur *Förderung begabter*[7] und zur Hilfe für lernbehinderte Schüler (Ewert, Erich Stern und die pädagogische Psychologie im Nationalsozialismus 1985, S.216).

Das alternative Schul- und Unterrichtswesen, das sich an einem individualisierten Unterricht zur Entfaltung der Begabung der einzelnen Schüler um ihrer selbst Willen orientiert hatte, und die ersten objektiven Verfahren zur Intelligenz- und Leistungsmessung wurden abgelehnt (vgl. Feger, Hochbegabung 1988, S.34). So heißt es im Gutachten des Leiters der NSLB-Reichsfachschaft IV (Volksschulen), Bargheer, vom 22.09.1936:

> Die Test-Psychologie ist nicht nur etwas dem deutschen Wesen Fremdartiges, sondern auch eine einseitige Betrachtung und Erfassung der mehr intellektuellen Fähigkeiten des Zöglings, ohne den Gesamtanlagen des Einzelschülers gerecht zu werden (Bargheer; zit. n. Ewert, Erich Stern und die pädagogische Psychologie im Nationalsozialismus 1985, S.215).

---

[7] Eigene Hervorhebung.

Reichserziehungsminister Rust gab 1935 einen Erlaß zur Schülerauslese für die höheren Schulen heraus. Der Erlaß beginnt mit den Worten:

> Bei der Auslese an den höheren Schulen hat die liberalistische Grundhaltung der vergangenen Zeit zu einer einseitigen Bevorzugung der rein verstandesmäßigen Anlagen geführt und die für die volksführenden Berufe nicht minder wichtigen körperlichen und charakterlichen Kräfte sowie die rassischen Werte vernachlässigt. Durch diese Art der Auslese wurde der einseitig intellektuelle und frühreife Schüler im Übermaß gefördert, während rassenbiologisch wertvollere und volksgebundenere Teile der Jugend oft zurückblieben ... Die ständige Prüfung muß sich auf die körperliche, charakterliche, geistige und völkische Gesamteignung erstrecken (Rust; zit. n. Ewert, Erich Stern und die pädagogische Psychologie im Nationalsozialismus 1985, S.217).

Der Schwerpunkt verlagerte sich somit bei der Auslese auf die körperliche, charakterliche und völkische Eignung. Die Rolle der völkischen Auslese ist allgemein bekannt, "so daß die 'geistige Auslese' auf den letzten Platz verwiesen wird" (Feger, Hochbegabungsforschung und Hochbegabtenförderung in Deutschland 1986, S.74). Es ist sicherlich die Schlußfolgerung zulässig, daß diese nationalsozialistischen Einrichtungen sich nur peripher mit intellektueller Hochbegabung beschäftigt haben und daß es vor allem um parteitreuen und führergläubigen Nachwuchs ging (vgl. Wegner, Zur Problematik des Begabungsbegriffes 1996, S.19).

Einige der im Nationalsozialismus vorhandenen Bildungseinrichtungen wurden schon damals als Eliteschulen bezeichnet. Es handelte sich um die "Nationalpolitischen Erziehungsanstalten", die "Adolf-Hitler-Schulen" und die "Ordensburgen" (vgl. Feger, Hochbegabung 1988, S.34). Diesen lag der für den Nationalsozialismus charakteristische Gedanke des Sozialdarwinismus und damit die Auslese der Besten primär zum Nutzen der Nation zugrunde. Insbesondere zeigt sich dies am Ausschluß der Förderung aller Behinderten, also auch der durch Unfälle Geschädigten. Es ging also weniger um die Entfaltung der Fähigkeiten des Einzelnen, als vielmehr um funktionale völkische Interessen. Diese Schulen können daher zu Recht als Eliteschulen bezeichnet werden (vgl. Fels, Identifizierung und Förderung Hochbegabter 1999, S.62).

Abschließend erscheint folgende Schlußfolgerung gerechtfertigt: Niemand kann guten Gewissens eine Beziehung herstellen zwischen den frühen und den heutigen Bemühungen um Hochbegabte einerseits und dem Zeitalter des Nationalsozialismus andererseits.

1.4 Der Zeitraum von 1945 bis 1980

In der Bundesrepublik Deutschland kam es nach dem Krieg[8] nur ganz allmählich zu einer erneuten Beschäftigung mit der Hochbegabungsfrage. Das Thema der Hochbegabtenförderung setzte man zu Unrecht mit den Eliteschulen des Nationalsozialismusses in Beziehung (siehe vorangegangene Darstellung).

1948 erfolgte die Neugründung der Studienstiftung des Deutschen Volkes, die 1925 entstanden und 1933 aufgelöst worden war (vgl. Fels, Identifizierung und Förderung Hochbegabter 1999, S.66). In den folgenden Jahren kam es zur Gründung weiterer Institutionen, so 1954 der "Stiftung für Begabtenförderung im Handwerk" und 1956 des "Institutes für Talentstudien" durch Schairer, welches die Öffentlichkeit und amtliche Stellen auf die Wichtigkeit der verstärkten Talentauslese und –förderung hinweisen wollte (vgl. Feger, Hochbegabungsforschung und Hochbegabtenförderung in Deutschland 1986, S.75).

Die Expansion des Bildungswesens und der "demokratische Aufbruch" in den 60er Jahren hatten das Thema Hochbegabung zugunsten der Forderung nach Chancengleichheit bzw. Chancengerechtigkeit verdrängt (vgl. Meister, Hochbegabte an deutschen Universitäten 1992, S.3). Die Schulpolitik der 60er und 70er Jahre konzentrierte sich fortan auf die Ausschöpfung der "Begabungsreserven" und verstand darunter

[8] Die Aufspaltung Deutschlands in zwei getrennte Staaten führte in der schulischen Hochbegabungsförderung zu einigen systembedingten Unterschieden. Die Darstellung dieser Entwicklung bleibt hier im Rahmen dieser Arbeit auf die Bundesrepublik Deutschland beschränkt.

vor allem die Abschaffung regionaler und sozialer Benachteiligungen sowie die Öffnung weiterführender Schulen für bis dahin "bildungsferne Schichten" (vgl. Handbuch der deutschen Bildungsgeschichte 1998, S.14 und Pokall, Förderung besonderer Begabungen im allgemeinbildenden Schulwesen 1987, S.29). Bei der besonderen Betonung der Förderung Benachteiligter wurde schließlich die Förderung besonderer Begabungen vernachlässigt:

> Es ist ungeheuer viel Positives in Gang gekommen, aber doch asymmetrisch, weil die Förderung begabter Kinder vernachlässigt wurde. Offenbar stand dahinter die unausgesprochene Auffassung, daß eigentlich doch alle Menschen gleich seien und die Unterschiede auf Chancenungleichheiten aufgrund sozialer Herkunft beruhen (Kornadt, Hochbegabte in der normalen Schule 1988, S.19).

In den 60er Jahren erschienen jedoch eine Reihe von Arbeiten zur Hochbegabtenproblematik und es gab vereinzelt Projekte für hochbegabte Schüler (vgl. Feger, Hochbegabung 1988, S.36). Neben allgemeinen Werken wie Busemanns "Höhere Begabung" und Judas "Höchstbegabung", erschienen 1963 Mönks Aufsatz "Beiträge zur Begabtenforschung im Kindes- und Jugendalter", in welchem der Begriff Hochbegabung erstmals auftaucht, sowie 1967 mit Ballauff und Hettwers Werk "Begabungsförderung und Schule" eine Zusammenfassung älterer und neuerer Artikel zum Thema Schule und höhere Begabung. Umfassende Bücher in deutscher Sprache oder größere Projekte fehlten jedoch weitgehend – dies stellt sich vor allem dann als gravierender Mangel dar, wenn man die große Zahl von Projekten in den USA oder England zum Vergleich heranzieht (vgl. Fels, Identifizierung und Förderung Hochbegabter 1999, S.37). Der sogenannte Sputnik-Schock[9] stimulierte insbesondere die Hochbegabungsforschung in den USA.

[9] Die USA wurde im Glauben an ihre Vormachtstellung in der Weltraumforschung im Oktober 1957 durch die Tatsache erschüttert, daß die UdSSR ihnen mit dem Start des Erdsatelliten Sputnik 1 zuvorgekommen war (vgl. Bongartz / Kaißer / Kluge, Die verborgene Kraft 1985, S.30,70).

Auf der ersten Weltkonferenz über das hochbegabte Kind in London (1975) konstituierte sich der "World Council for Gifted and Talented Children". In zweijährigem Turnus veranstaltet dieser internationale Kongresse mit dem erklärten Ziel:

> Die Aufmerksamkeit auf das hochbegabte Kind zu lenken, für sie ein Klima der Akzeptierung und des Verständnisses zu schaffen und die Natur ihres Talents und damit zusammenhängende Probleme in Kindheit und Jugend zu erforschen (Wieczerkowski / Wagner, Das hochbegabte Kind 1981, S.7).

In der BRD blieben dennoch Fragen zur Förderung hochbegabter Schulkinder trotz der vorhandenen Ansätze am Rande. Die Arbeit von Schmidt "Verhaltensstörungen bei Kindern mit sehr hoher Intelligenz" (1977) sprach erstmals den Aspekt der psychischen Störungen bei Hochbegabten wieder an. Die 1978 gegründete "Deutsche Gesellschaft zur Förderung hochbegabter Kinder e.V." benannte sich 1981, nach Angriffen aus der Öffentlichkeit, in "Deutsche Gesellschaft für das hochbegabte Kind e.V." um (vgl. Stamm, Hochbegabungsförderung in Deutschschweizer Volksschulen 1992, S.43). Diese Stimmung mag Weinschenk 1979 dazu bewogen haben zu fragen, ob hochbegabte Kinder und Jugendliche "eine bundesdeutsche Un-Person" darstellten, denen eine angemessene Förderung vorenthalten werden dürfe (vgl. Weinschenk, Der Hochbegabte – eine bundesdeutsche Un-Person? 1979, S.42).

1.5 Der Zeitraum ab 1980

Mit dem Beginn der 80er Jahre erlebte die schulische Hochbegabtenförderung in der BRD einen bedeutenden Aufschwung, der allerdings durch die politische Wende in Bonn, die Ablösung einer sozial-liberalen Regierungskoalition durch eine konservativ-liberale im Jahre 1982 nur verwirklicht, nicht aber initiiert wurde. Bereits im Mai 1981 hatte der Bundesdeutsche Wissenschaftsrat in einer "Empfehlung zur Förderung besonders Befähigter" die Notwendigkeit von Hochbegabungsförderung unterstrichen (vgl. Wissenschaftsrat, Empfehlung zur Förderung besonders Befähigter 1982, S.70-79).

Obwohl die Förderung hochbegabter Kinder zum Teil dringend gefordert, zum Teil ebenso heftig abgelehnt wurde, änderte sich der lückenhafte Informationsstand nur langsam. 1981 wurden die Symposiumsbeiträge einer Tagung an der Universität Hamburg in dem Buch "Das hochbegabte Kind" veröffentlicht. Im Jahre 1982 erschien Urbans Sammelwerk "Hochbegabte Kinder". Diese deutschsprachigen Bücher sind zwar sehr informativ, haben jedoch für Lehrer den Nachteil, daß sie zwar das Problem aufzeigen, aber kaum Hinweise darauf geben, wie hochbegabten Kindern sinnvoll geholfen werden kann. Das geschieht zum ersten Mal ansatzweise in den vom Bundesministerium für Bildung und Wissenschaft herausgegebenen Broschüren "Begabte Kinder finden und fördern" (1985), "Förderung besonders Begabter, Zwischenbilanz und Perspektiven" (1986) und in dem Ratgeber "Hochbegabte Kinder - ihre Eltern, ihre Lehrer" (Webb / Meckstroth / Tolan 1985).

Seit Anfang der 80er Jahre gibt es Forschungsprojekte und umfangreiche Bestrebungen, die sich der hochbegabten Kinder und Jugendlichen angenommen haben. Die wesentlichen Bemühungen werden im folgenden kurz dargestellt, wobei die aktuellen Entwicklungen der 90er Jahre in der abschließenden Evaluation aufgezeigt werden.

- An der Jugenddorf-Christophorusschule in Braunschweig wurde 1981 eine Sonderklasse für hochbegabte Schüler ab der gymnasialen Klasse 11 und mit Beginn des Schuljahres 1987/88 eine neue Förderungsklasse für besonders Begabte der Klassen 9 und 10 eingerichtet (vgl. Mähler / Hofmann, Ist mein Kind hochbegabt? 1998, S.162).
- Seit 1983 werden an der Universität Hamburg mathematisch hochbegabte 12- und 13jährige Schüler betreut und 1984 wurde in Hamburg die erste Beratungsstelle für hochbegabte Kinder eingerichtet (vgl. Heinbokel, Hochbegabte 1988, S.14).
- Im Bereich der öffentlichen Schulen richtete das Land Baden-Württemberg im Schuljahr 1983/84 als erstes Bundesland einen Kreis im Kultusministerium ein, der sich mit Fragen der Begabtenförderung auseinandersetzte. Zeitgleich wurde in Berlin ein Programm zur Interessenförderung von Grundschülern der 5. und 6. Klassen durchgeführt (vgl. Fels, Identifizierung und Förderung Hochbegabter 1999, S.68).

- In München wurde 1984 eine Längsschnittstudie zum Thema "Formen der Hochbegabung bei Kindern und Jugendlichen: Identifikation, Entwicklungs- und Leistungsanalyse" begonnen (vgl. Heller, Hochbegabung im Kindes- und Jugendalter 1992, S.23).
- 1985 fand in Hannover ein zweijähriger Modellversuch über hochbegabte Kinder in der Vorschule statt (vgl. Politt, Erfahrungen aus dem Modellversuch Vorschule 1996, S.74).
- Im Juni 1985 entschied das niedersächsische Landeskabinett die Einführung von Förderungsmaßnahmen für Frühleser und die Einrichtung von Arbeitsgemeinschaften in der Orientierungsstufe (vgl. Fels, Identifizierung und Förderung Hochbegabter 1999, S.69).
- Im August 1985 fand die 6. Weltkonferenz über hochbegabte und talentierte Kinder in Hamburg statt, die von heftigen Disputen und Anfeindungen geprägt war (vgl. Heinbokel, Hochbegabte 1988, S.135).
- In Hamburg wurde im Laufe des Jahres 1986 die William-Stern-Gesellschaft gegründet, die sich der Begabtenforschung und –förderung widmete (vgl. Fels, Identifizierung und Förderung Hochbegabter 1999, S.69).
- Seit 1987 wird an der Universität Marburg das Hochbegabtenprojekt "Lebensumweltanalyse hochbegabter Kinder" durchgeführt. Diese Längsschnittuntersuchung von hochbegabten Kindern ab der 3.Klasse dauert bis zum heutigen Zeitpunkt an und soll auch in Zukunft fortgeführt werden (vgl. Rost, Lebensumweltanalyse hochbegabter Kinder 1993, S.5ff.)
- In Bayern besteht seit dem Schuljahr 1987/88 die Möglichkeit, Pluskurse an allen Gymnasien einzurichten (vgl. Reitmajer, Pluskurs 1990, S.8).
- 1988 fand die erste "European Council for High Ability" (ECHA) statt. ECHA hält internationale Konferenzen in zweijährigem Turnus ab und versteht sich als dynamisches Kommunikationsnetz, das wissenschaftliche Arbeit auf dem Gebiet der Hochbegabung durch Landesvertreter und spezielle Interessengruppen koordiniert (vgl. Freeman, Geleitwort 1992, S.XII).
- In dem Zeitraum von 1989-1992 fand in Köln der Modellversuch "Entwicklung und Erprobung von Konzepten der Lehrer-, Eltern- und Schulumfeldberatung zur integrierten und individualisierten Förderung besonderer Begabungen im Grund-

schulbereich" statt (vgl. Schulpsychologischer Dienst der Stadt Köln, Abschlußbericht 1993, S.3ff.).

1.6 Kritische Zusammenfassung

Anhand der Ausführungen zur Geschichte der schulischen Förderung Hochbegabter zeigt sich, daß das Interesse an Hochbegabten sich weit zurückverfolgen läßt. Zusammenfassend ist festzustellen, daß es aber auch immer wieder Phasen gab, in denen das Thema keine wesentliche Beachtung fand. Aus diesem Grund soll abschließend auf den Stellenwert eines solchen geschichtlichen Abrisses eingegangen werden. Es wird deutlich, daß die Intensität der Beschäftigung mit Hochbegabungsfragen einer Art von Wellenbewegungen zu unterliegen scheint; auf Zeiten, in denen der Hochbegabung Beachtung geschenkt wird, folgen solche, in denen das nicht der Fall ist, und dann werden die Hochbegabten wieder "entdeckt". Diese Wellenbewegungen finden sich auch bei einer kritischen Betrachtung der Entwicklung der modernen Hochbegabungsforschung, die rund einhundert Jahre alt ist. Die intensiven Bemühungen zum Ende des 19.Jahrhunderts und Anfang des 20.Jahrhunderts um Hochbegabte fanden durch den Nationalsozialismus ein abruptes Ende. Viele Forscher, wie auch William Stern, wurden zur Emigration gezwungen (vgl. Feger, Hochbegabung 1988, S.34). Erst wieder seit Beginn der 80er Jahre dieses Jahrhunderts findet eine erneute Beschäftigung mit der Hochbegabtenproblematik statt.

Die Analyse dieser Wellenbewegungen, die eine Folge allgemein-politischer und bildungspolitischer Gegebenheiten sind, sollte von daher zu einer stärkeren Ausgewogenheit im Umgang mit hochbegabten Schülern führen.

2 Definitionen der Hochbegabung

2.1 Problematik der Definition[10]

Die Identifikation und Förderung hochbegabter Kinder ist in der Schule nicht denkbar, ohne die betreffenden Schüler vorher durch eine Definition genauer zu bestimmen. Bei der Definition von Hochbegabung reicht die Spannweite vorgeschlagener Eingrenzungen von "hochbegabt ist, wer Einmaliges vollbracht hat" über Positionen, die vom individuell verschiedenen Entwicklungspotential jedes Menschen ausgehen, bis hin zum Ansatz "jeder ist hochbegabt, denn jeder hat seine Stärken" (vgl. Mönks, Hochbegabung 1996, S.16 und Winner, Hochbegabt 1998, S.215). Für die Schule sind beide Extrempositionen wenig hilfreich; die erstgenannte würde zu spät einsetzen und somit eine Förderung weitestgehend erübrigen, wohingegen die letztere zwar eine pädagogische Idealansicht darstellt, jedoch eine Identifikation erübrigt und zu einer völligen Individualisierung des Unterrichts führt, die unter den heutigen Voraussetzungen der Schulorganisation kaum durchführbar wäre. Hieraus ergibt sich, daß nur jene Definitionen von praktischem schulischen Interesse sein können, die zwischen diesen beiden Extremen liegen.[11]

In den Humanwissenschaften lassen viele Phänomene und Konstrukte eine große Zahl unterschiedlicher Definitionen zu. Eine Auflistung bisher verwendeter Definitionen von Hochbegabung, deren Zahl schon weit über 100 liegt (vgl. Spahn, Wenn die Schule versagt 1997, S.98) führt nicht weiter und zeigt die offensichtliche Komplexität des Gegenstandsbereiches mit den Folgen für Theorie und Praxis. Bis heute gibt es keine Definition von Hochbegabung, die alle möglichen Aspekte von Begabung umfaßt und gleichzeitig einen allgemeinen Gültigkeitsanspruch in Wissenschaft, Forschung und Praxis erheben dürfte (vgl. Kießwetter, Bemerkungen zum Thema "hochbegabt" 1984, S.31 und Geuß, Zur Problematik der Identifikation von Hochbegabung

[10] Der folgende Abschnitt beschränkt sich auf die Problematik des Hochbegabungsbegriffs, da eine Erörterung des allgemeinen Begabungsbegriffes über den Rahmen dieser Veröffentlichung hinausgehen würde. Zu dieser Thematik hat Helbig (1988) eine umfangreiche Monographie zur "Begabung im pädagogischen Denken" vorgelegt.
[11] Aus historischen Gründen soll jedoch auch die Ex-post-facto Definition erläutert werden.

1981, S.52). Dennoch findet sich bei der Durchsicht der Fachliteratur ein häufig beschriebener formaler Einteilungsversuch in drei Definitionsklassen (vgl. Wild, Identifikation hochbegabter Schüler 1991, S.4 und Wieczerkowski / Wagner, Diagnostik und Hochbegabung 1985, S.109ff.). Hiernach erfolgt eine Unterscheidung der Ex-post-facto Definition, der IQ-Definition von Terman und der Prozentsatzdefinition. Diese drei Definitionsklassen werden in dieser Arbeit um die Definition des "Marland-Reports" erweitert, da diese bis heute viel Beachtung und Verwendung in der Schulpraxis als Grundlage für pädagogische Programme findet (vgl. Urban, Hochbegabte Kinder 1982, S.12).

2.2 Ex-post-facto Definition

Diese Definition ist die älteste, aus dem Volk stammende Festlegung von Hochbegabung (vgl. Bongartz / Kaißer / Kluge, Die verborgene Kraft 1985, S.14). Nach dieser Definition ist derjenige hochbegabt, der sich durch herausragende Leistungen in unterschiedlichen Gebieten ausgezeichnet hat (vgl. Wild, Identifikation hochbegabter Schüler 1991, S.4). Es werden demnach diejenigen als hochbegabt bezeichnet, die bereits Außergewöhnliches geleistet haben.

Bei der kritischen Betrachtung zeigt sich, daß dieser Definition zwei erhebliche Mängel anhaften und diese somit für schulische Zwecke unbrauchbar ist. Die Definition orientiert sich am jeweiligen Wertesystem einer Gesellschaft (vgl. Akademie für Lehrerfortbildung Dillingen, Besonders begabt- Besonders begabt 1994, S.35). Dies hat zur Folge, daß sogar einige hochbegabte Erwachsene, die in die Geschichte eingingen, wie zum Beispiel Leonardo da Vinci, Vincent van Gogh oder Galilei, von ihren Mitmenschen, trotz ihres scharfen Verstandes bzw. ihrer Fähigkeiten, nicht als hochbegabt erkannt wurden. Zudem muß noch berücksichtigt werden, daß nur die Kinder, für die durch eine aufmerksame, motivierende und fördernde Umwelt auch die Möglichkeit besteht, besondere Leistungen zu erbringen, erfaßt werden. Es werden aber alle Kinder, die aus weniger günstigen Verhältnissen, sowie diejenigen, die zwar in bezug auf ihr Alter Beachtliches leisten, jedoch nicht mit den Leistungen Erwachsener konkurrieren können, übersehen. Nach der Ex-post-facto Definition können diese Kinder ebenso wenig gefördert werden, wie solche, die zwar besonders begabt sind, jedoch bisher keine Gelegenheit hatten, ihre besonderen Fähigkeiten zu zeigen (vgl. Fels, Identifizierung und Förderung Hochbegabter 1999, S.39).

Bis in die Anfänge unseres Jahrhunderts wurde diese Definition von Hochbegabung benutzt, bis eine andere Art der Erfassung und Beschreibung von Hochbegabung durch die Intelligenzforschung und die Entwicklung von Intelligenztests stimuliert worden ist (vgl. Urban, Zur Geschichte der Hochbegabtenforschung 1981, S.16). Termans Studie von 1921 berücksichtigt erstmals diese neuen Erkenntnisse und ist daher für die Hochbegabungsforschung von entscheidender Bedeutung.

2.3 Termans IQ-Definition

Nach Termans Definition galt derjenige als hochbegabt, der in einem Stanford-Binet-Intelligenztest einen Intelligenzquotienten von mindestens 140 erzielte (vgl. Winner, Hochbegabt 1998, S.30 und Rost, Begabung und Begabungsförderung 1988, S.25). An seinem Grenzwert haben sich viele Forscher bis nach dem zweiten Weltkrieg orientiert. In diese Klasse fallen auch Definitionen, die auf anderen Intelligenztests beruhen oder andere kritische Werte verwenden als Terman (vgl. Feger, Hochbegabung 1988, S.58).

Die IQ-Definitionen bestimmen Hochbegabung ausschließlich als hohe intellektuelle Begabung, gemessen mit einem Intelligenztest (vgl. Akademie für Lehrerfortbildung Dillingen, Besonders begabt – Besonders begabt 1994, S.36). Auffallend ist, daß es sich bei den gesetzten Grenzwerten immer um runde Zahlen oder Vielfache der Standardabweichung handelt, ohne daß hierfür ein wissenschaftlicher Grund besteht. Da diese Grenzwerte willkürlich gesetzt sind, muß auch die Einstufung als hochbegabt willkürlich bleiben. In diesem Zusammenhang führt Hany an, daß bisher die empirische Begründung von Grenzwerten noch aussteht (vgl. Hany, Modelle und Strategien zur Identifikation hochbegabter Schüler 1987, S.26). Außerdem erfaßt diese Definition nur intellektuelle Hochbegabung und übersieht somit wichtige Determinanten der Hochbegabungsentfaltung, wie zum Beispiel das soziale Lernumfeld (Familienmilieu, Anregungsgehalt, Rollenerwartungen etc.), nichtkognitive Persönlichkeitsmerkmale (Motivation, Erkenntnisstreben, Selbstkonzept etc.) und das kognitive Persönlichkeitsmerkmal Kreativität (vgl. Spahn, Wenn die Schule versagt 1997, S.103f.). Aus diesem Grund handelt es sich um eine eindimensionale Definition, die schließlich alle hochbegabten Underachiever, Kinder mit Testangst sowie solche aus Sozialgruppen mit hinderlichen Rahmenbedingungen übersieht. Auch ein erzieltes hohes Ergebnis in Intelligenztests sagt weder etwas über fehlende Anforderungen der Schule an die betroffenen Schüler, noch über ein bisher nicht entfaltetes Begabungspotential aus (vgl. Fels, Identifizierung und Förderung Hochbegabter 1999, S.40).[12]

Trotz dieser Einschränkungen bietet eine Definition durch einen Grenzwert in Intelligenztests auch Vorteile. Einerseits wird der Vergleich zwischen verschiedenen Klassen, Schulen und Regionen ermöglicht, andererseits korrespondiert das Ergebnis von Intelligenztests mit einem bestimmten prozentualen Anteil der Bevölkerung (vgl. Fels, Identifizierung und Förderung Hochbegabter 1999, S.40f.). Von daher erscheint es sinnvoll, die Prozentsatzdefinition im folgenden eingehender zu erläutern.

2.4 Prozentsatzdefinition

Die Prozentsatzdefinition benennt den Anteil der Hochbegabten in der Bevölkerung oder in einer bestimmten Gruppe. In der Regel werden zwei Prozent der Bevölkerung als hochbegabt bezeichnet (vgl. Webb / Meckstroth / Tolan, Hochbegabte Kinder – ihre Eltern, ihre Lehrer 1985, S.15 und Schlichte-Hiersemenzel, Schul- und Entwicklungsschwierigkeiten hochbegabter Kinder 1997, S.14).

[12] Weitere vertiefende Aspekte zur kritischen Betrachtung von Intelligenztests finden sich in Kapitel 5.2.1.

Das Kriterium, nach dem diese Hochbegabten ausgesucht werden, kann variieren. Es kann sich z.B. um Noten, Beurteilungen, Wettbewerbsergebnisse, aber auch häufig um Intelligenztests handeln. Bei Letztgenanntem kommt es zu einer Überschneidung mit der IQ-Definition (vgl. Feger, Hochbegabung 1988, S.58). Beide Definitionsklassen sind nicht strikt voneinander zu trennen. Vielmehr ist die Prozentsatzdefinition als allein quantitative Bestimmung von Hochbegabung in einer IQ-Definition mit enthalten, die zusätzlich einen qualitativen Aspekt, d.h. eine inhaltliche Bestimmung von Intelligenz, mit umfaßt (vgl. Wild, Identifikation hochbegabter Schüler 1991, S.4f.). Bei einer Kombination von IQ- und Prozentsatzdefinition wird ein bestimmter Prozentsatz, der in einem Intelligenztest ermittelten Leistungsfähigsten einer Altersgruppe, als hochbegabt bezeichnet. Geht man davon aus, daß rund zwei Prozent der Bevölkerung hochbegabt ist, dann können die Testergebnisse dahingehend interpretiert werden, daß Personen mit einem IQ von über 130 hochbegabt sind (vgl. Schulpsychologischer Dienst der Stadt Köln, Modellversuch 1992, S.21).[13] Für Niedersachsen bedeutet eine Quote von nur 2% bereits eine Anzahl von ca. 20.000 hochbegabten Schülern in den Klassen eins bis dreizehn der allgemeinbildenden Schulen und weiteren 10.000 hochbegabten Kindern in den vorschulischen Jahrgängen (vgl. Schlichte-Hiersemenzel, Schul- und Entwicklungsschwierigkeiten hochbegabter Kinder 1997, S.14).

[13] Allgemein wird ein IQ von 130 als Grenzwert betrachtet, bei dem Hochbegabung beginnt, doch arbeiten auch Fachleute z.B. mit einem IQ von 125 als Grenzwert (vgl. Webb / Meckstroth / Tolan, Hochbegabte Kinder 1985, S.15).

Die glockenförmige Normalverteilung der Intelligenzquotienten nach Gauss

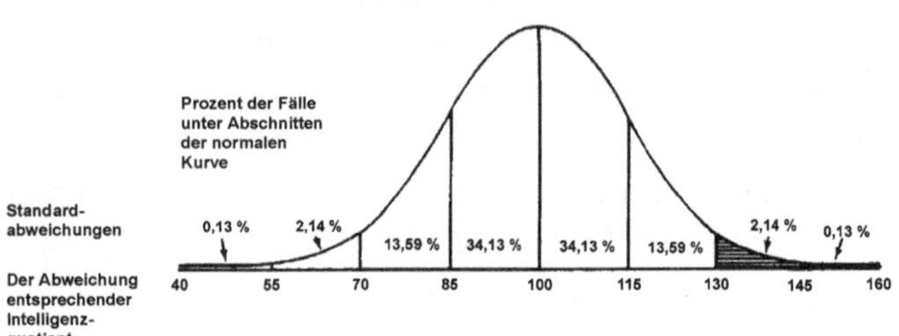

Quelle der Abbildung 1: Eigene Erstellung nach Webb / Meckstroth / Tolan, Hochbegabte Kinder – ihre Eltern, ihre Lehrer 1985, S.16

Die Abbildung 1 zeigt die Verteilung der geistigen Fähigkeiten in Intelligenztests gemessen. Die Grundlage bietet die sogenannte Normalverteilung (auch Glockenkurve) nach Gauss und deren Unterteilung in relative Häufigkeitsfelder, ausgedrückt in sogenannte Standardabweichungen von der absoluten Mitte nach beiden Seiten hin. Der Durchschnittswert ist der Intelligenzquotient von 100 (vgl. Bundesministerium für Bildung, Wissenschaft, Forschung und Technologie, Begabte Kinder finden und fördern 1996, S.13). Ganz rechts in Abbildung 1 zeigt das schraffierte Feld den Prozentsatz, der am häufigsten dazu dient, Hochbegabung zu definieren (vgl. Webb / Meckstroth / Tolan, Hochbegabte Kinder 1985, S.15). Die untere Grenze des Hochbegabtenbereiches bildet ein IQ von 130, die meisten Intelligenztests gehen nur bis zu einem Intelligenzwert-Höchstbereich von 145-160. Intelligenz hat keine absolute Höchstgrenze, da niemand weiß, wie hoch Intelligenz sein könnte. In der Regel bezeichnet man Menschen mit einem IQ von über 145 als höchstbegabt (vgl. ebd., S.16).

Urban weist auf die relative Beliebigkeit von Prozentangaben und von Grenzwertsetzungen hin und stellt fest, daß das, was ein Intelligenztest mißt, immer nur eine ganz bestimmte Auswahl aus allen möglichen Intelligenzfähigkeiten, über die der Mensch verfügen kann, ist. Insbesondere hebt Urban hervor, daß Unterschiede in Intelligenztests bestehen und aufgrund dessen zum Teil sehr Unterschiedliches gemessen wird. Ferner bleibt die Abhängigkeit und Beeinflußbarkeit des IQ-Punktwertes und der Meßgenauigkeit von Alter, Situation, Motivation, sozio-ökonomischen Faktoren, Testerfahrung etc. zu berücksichtigen (vgl. Urban, Besonders begabte Kinder im Vorschulalter 1990, S.40).

Da die bisher vorgestellten Definitionen in der Auseinandersetzung um die Klärung, welche Kinder als hochbegabt anzusehen sind, kaum zufriedenstellende Erklärungen geben, erscheint es notwendig, in diesem Kontext auf die Definition des "Marland-Reports" einzugehen.

2.5 Definition des "Marland-Reports"

Der Regierungsbevollmächtigte Marland führte im Auftrag des amerikanischen Erziehungsministeriums eine Untersuchung über die Situation Hochbegabter in den USA durch. 1972 wurde durch das U.S. Office of Education eine pluralistische Hochbegabungsdefinition offiziell festgelegt, die von vielen Bundesstaaten der USA übernommen und zur Grundlage zahlreicher Förderungsprogramme gemacht wurde (vgl. Hany, Modelle und Strategien zur Identifikation hochbegabter Schüler 1987, S.12):

> Hochbegabte und talentierte Kinder sind jene, die durch qualifizierte Fachleute als solche identifiziert wurden und die aufgrund außergewöhnlicher Fähigkeiten hohe Leistungen zu erbringen vermögen. Um ihren Beitrag für sich selbst und für die Gesellschaft zu realisieren, benötigen diese Kinder die Bereitstellung differenzierter pädagogischer Programme und Hilfestellungen, die über die normalen, regulären Schulprogramme hinausgehen.

Kinder, die zu hohen Leistungen fähig sind, schließen solche mit gezeigten Leistungen und / oder mit potentiellen Fähigkeiten in irgendeinem der folgenden Bereiche mit ein:

1. Allgemeine intellektuelle Fähigkeit
2. Spezifisch akademische (schulische) Eignung
3. Kreatives oder produktives Denken
4. Führungsfähigkeiten
5. Bildnerische und darstellende Künste
6. Psychomotorische Fähigkeit

(eigene Übersetzung nach Education of the gifted and talented, Vol. 1. Report to the Congress of the United States by the U.S. Commissiones of Education 1972, S.10).

Der Absatz über die psychomotorische Hochbegabung wurde 1978 wieder gestrichen, da dieser zu sehr in Richtung Sport verstanden wurde und diese Richtung in den USA bereits Unterstützung fand (vgl. Urban, Besonders begabte Kinder im Vorschulalter 1990, S.41). Die Vorteile dieser Definition ergeben sich durch folgende Aspekte (vgl. Hany, Modelle und Strategien zur Identifikation hochbegabter Schüler 1987, S.13):

1. Hochbegabung wird als Erziehungsbedürfnis und nicht als Privileg verstanden.
2. Die Außergewöhnlichkeit ist das wichtigste Kriterium.
3. Fähigkeiten und Leistungen sind im Hinblick auf die Identifikation Hochbegabter einbezogen. Dies ermöglicht die Berücksichtigung von Schülern mit schlechten Schulleistungen aber sehr guten Begabungskennwerten (Underachievern).
4. Hochbegabung ist nicht nur auf die intellektuellen Fähigkeiten begrenzt, sondern berücksichtigt alle wesentlichen Begabungsfelder westlicher Gesellschaften.
5. Als Begründung für Fördermaßnahmen sind die positiven Auswirkungen sowohl auf das geförderte Individuum als auch auf die Gesellschaft angeführt. Die Forderung nach speziellen Förderungsmöglichkeiten für alle Schulstufen schließt das Eingeständnis der Unvollkommenheit des regulären Schulunterrichts ein.

Doch auch diese Definition übersieht die persönlichkeitsbestimmenden Faktoren (wie z.B. Motivation und soziales Umfeld) der Hochbegabungsentfaltung. Weiterhin muß berücksichtigt werden, daß die genannten sechs Begabungsfelder nicht parallel zueinander verlaufen, sondern sich teilweise einschließen oder in Wechselwirkung miteinander stehen. Schließlich wird kritisiert, daß keine eindeutigen Operationalisierungen bestehen. Daraus ergeben sich Probleme für die Praxis bei der Erfassung der einzelnen Begabungsfaktoren (vgl. Fels, Identifizierung und Förderung Hochbegabter 1999, S.42).

2.6 Kritische Zusammenfassung

Die Ausführungen zeigen, daß es eine wissenschaftlich präzise und allgemein akzeptierte Definition nicht gibt. Für das schulische Umfeld bedeutet dies, daß die Personen, die sich mit einem hochbegabten Kind auseinanderzusetzen haben, auf sein Potential unwillkürlich in gegensätzlicher Weise reagieren werden (vgl. Spahn, Wenn die Schule versagt 1997, S.98).

Die Ex-post-facto Definition ist relativ einfach zu leisten. Meinungen werden womöglich lediglich über den Wertegrad einer herausragenden Leistung differieren. Doch wird sie der kindlichen Persönlichkeit kaum gerecht.

Ein Kind hingegen lediglich aufgrund seines IQ-Wertes als hochbegabt zu etikettieren ist für die pädagogisch–psychologische Praxis als ziemlich problematisch anzusehen, da wertvolle Persönlichkeitsmerkmale außer acht gelassen werden und die Komplexität des Phänomens nicht berücksichtigt wird.

Auch die Prozentsatzdefinition erweist sich als ungeeignet, da auf die relative Beliebigkeit von Prozentangaben hingewiesen werden muß. Auf diese Definition greift man in der Praxis etwa dann zurück, wenn in einem Förderprogramm nur eine beschränkte Anzahl von Teilnehmern Platz finden kann. Für die Identifikation von Hochbegabten generell ist sie jedoch unwesentlich.

Marlands Definition hat einerseits einen wichtigen theoretischen wie bildungspolitischen Fortschritt in der Hochbegabungsdiskussion markiert, (diese als erste verbindliche "staatliche Definition" war nicht nur für die USA richtungsweisend), andererseits hat diese Definition die Entwicklung alternativer Hochbegabungsmodelle provoziert und stellt heute eine Art Minimalkonsens in der gegenwärtigen Hochbegabungsdiskussion dar, da kaum jemand bestreiten wird, daß die genannten Begabungs- bzw. Leistungsfaktoren von Bedeutung sind (vgl. Hany, Modelle und Strategien zur Identifikation hochbegabter Schüler 1987, S.15). Im Rahmen dieser Arbeit dient die Definition von Marland dazu, aufzuzeigen, welche Kinder als hochbegabt anzusehen sind. Die aufgezeigten Schwachstellen, dieser in den USA weitestgehend akzeptierten Definition, deuten auf die Notwendigkeit des Fortschreitens der theoretischen Diskussion hin, Hochbegabung mehrdimensional als Wirkung von angeborenen Anlagen und Einflüssen der Umwelt zu interpretieren. In diesem Kontext ist eine ausführliche Darstellung der im folgenden aufgezeigten Hochbegabungsmodelle notwendig.

3 Modelle der Hochbegabung

Das Interesse richtet sich, wie schon in der Einleitung betont, im folgenden nicht auf alle Aspekte menschlicher Hochbegabungen, sondern auf die Entwicklung der intellektuellen Hochbegabung. Ihre Entwicklung und Förderung sollte wesentliches Ziel aller pädagogischen Bemühungen und Bestrebungen sein, um Schule als Ort der optimalen Organisation von Lernprozessen definieren zu können (vgl. Roth, Begabung und Lernen 1969, S.65f.). Eine so verstandene Entfaltung intellektueller Hochbegabungen schließt auch nicht-kognitive Persönlichkeitsmerkmale (Interessen, Leistungsmotivation, Arbeitsstrategien etc.) und soziokulturelle Bedingungen des Lernumfeldes (Anregungsqualität der Umgebung, sozial-emotionales Klima in Familie und Schule etc.) ein. Gemäß diesem Verständnis über Hochbegabung werden im folgenden fünf wesentliche, in der Forschung vertretene Modelle vorgestellt.

Diese Modelle haben keine gemeinsame wissenschaftliche Grundlage und auch keine gemeinsamen Zielsetzungen. Aus verschiedenen Standpunkten und mit spezifischem Erkenntnisinteresse versuchen diese Modelle die Kausalzusammenhänge zwischen menschlichem Denken, Fühlen und Handeln sowie deren Beziehungen untereinander und die Bedeutung der Umwelteinflüsse auf die Entfaltung von Hochbegabung darzustellen. Dies ermöglicht in bezug auf die Erklärungsansätze eine umfassende Auseinandersetzung.

3.1 Das Drei-Ringe Modell der Hochbegabung (Renzulli)

3.1.1 Beschreibung

Von Renzulli (Beginn des Forschungsvorhabens 1978) stammt ein Hochbegabungsmodell, das wie kein anderes Aufmerksamkeit auf sich gezogen und zu Weiterentwicklungen angeregt hat. Schließlich bildet es bis heute die theoretische Grundlage für zahlreiche Forschungsarbeiten sowie praktische Förderkonzepte (vgl. Heller, Psychologische Probleme der Hochbegabungsforschung 1986, S.337). Renzulli definiert Hochbegabung ("giftedness") folgendermaßen:

Research on creative / productive people has consistently shown that ... persons who have achieved recognition because of their unique accomplishments and creative contributions possess a relatively well-defined set of three interlocking clusters of traits. These clusters consist of above-average though not necessarily superior general ability, task commitment, and creativity. It is important to point out that no single cluster 'makes giftedness'. ... It is also important to point out that each cluster is an 'equal partner' in contributing to giftedness (Renzulli, What makes giftedness? 1978, S.182).

Demnach sieht das Drei-Ringe Modell drei personinterne konstitutive Bestandteile, welche bei der Entstehung von Hochbegabung wesentlich sind, vor (vgl. Gruber / Mandl, Begabung und Expertise 1992, S.61). Hochbegabung kann nur durch die Interaktion dieser drei gleichberechtigten Ausprägungen von Fähigkeitsclustern entstehen, die jeweils in überdurchschnittlicher, aber nicht herausragender Qualität vorliegen müssen.

Die drei Komponenten werden folgendermaßen beschrieben:

1. *Überdurchschnittliche intellektuelle Fähigkeiten / Intelligenz (above average ability):* Dieser Bereich meint eine gut überdurchschnittliche Befähigung, welche die allgemeine Intelligenz[14] als allgemeine Kapazität, Informationen und Erfahrungen zu integrieren und die spezielle Intelligenz, welche Leistungen auf einem Spezial-

[14] So wie es bisher nicht möglich war, eine allgemein akzeptierte Definition von Hochbegabung zu finden, ist es auch nicht möglich, den Begriff Intelligenz so zu definieren, daß er keine Möglichkeit der Verbesserung oder Veränderung mehr zuläßt. Gewöhnlich wird unter Intelligenz ein Bedingungskomplex für bestimmte Leistungen verstanden. Nach der von W. Stern vorgeschlagenen Auffassung gilt für Intelligenzleistung vor allem, Schwierigkeiten in neuen Situationen zu erkennen und zu überwinden (vgl. Böhm, Wörterbuch der Pädagogik, 1994, S.338). Laut Wechsler ist Intelligenz ein hypothetisches Konstrukt, die zusammengesetzte oder globale Fähigkeit des Individuums, zielgerichtet zu handeln, rational zu denken und sich wirkungsvoll mit seiner Umwelt auseinanderzusetzen (vgl. Matarazzo, Die Messung und Bewertung der Intelligenz Erwachsener nach Wechsler 1982, S.121). Dabei ist zu beachten, daß nicht nur die Quantität und die Qualität der verschiedenen Fähigkeiten eine Rolle spielt, sondern auch die Art, wie sie miteinander kombiniert sind; hinzu kommen Faktoren wie Motivation, Tatkraft, emotionale Stabilität etc. (vgl. Heinbokel, Hochbegabte 1988, S.26). Pädagogisch bedeutsam erscheint, daß Intelligenz nicht als eine feste Gegebenheit angesehen werden darf, sondern als eine von vielen äußeren Einflüssen mitbestimmte Fähigkeit (vgl. Urban, Hochbegabte Kinder 1982, S.38).

gebiet hervorbringt, einschließt. Renzulli war der erste Wissenschaftler, der diesbezüglich zwischen allgemeinen und spezifischen Fähigkeiten unterschied (vgl. Böttcher, Lebenswelt sprachlich unterschiedlich begabter Kinder 1994, S.27).

2. *Aufgabenverpflichtung (task commitment)*: Renzulli versteht hierunter eine spezielle Form der Leistungsmotivation, nämlich die Fähigkeit einer Person, sich intensiv und über längere Zeit einer Aufgabe zu widmen. Beharrlichkeit, Faszination oder Involviertsein einer Aufgabe, einer Idee oder der gesamten Schule gegenüber sind von Bedeutung (vgl. Stamm, Hochbegabungsförderung in Deutschschweizer Volksschulen 1992, S.57).
3. *Kreativität (creativity):* Die dritte Komponente umfaßt Flexibilität und Originalität im Denken, Offenheit und Aufnahmefähigkeit für Neues, Neugier und Risikobereitschaft sowie Sensibilität (vgl. Akademie für Lehrerfortbildung Dillingen, Besonders begabt – Besonders begabt 1994, S.38).

Das Drei-Ringe Modell der Hochbegabung nach Renzulli (1981)

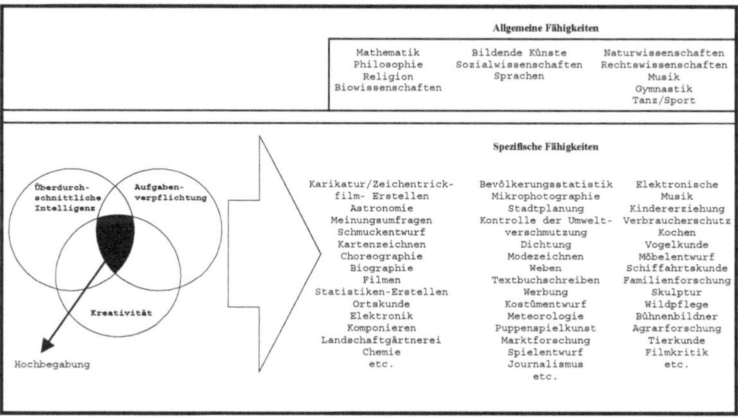

Quelle der Abbildung 2: Eigene Erstellung nach Renzulli / Reis / Smith, The Revolving Door Identification Model 1981, S.28

Renzulli fordert die Einrichtung von Lernmöglichkeiten, welche den Kindern Gelegenheiten geben, begabtes Verhalten zu zeigen und zu entwickeln (vgl. Stamm, Hochbegabungsförderung in Deutschschweizer Volksschulen 1992, S.58).

3.1.2 Bewertung

Das von Renzulli entworfene Drei-Ringe Modell stellt eine erste Weiterentwicklung der Definition von Hochbegabung allein durch Intelligenz und die Ergebnisse von Intelligenztests um die Aspekte Aufgabenverpflichtung und Kreativität dar.

Zu kritisieren ist, daß nicht der Einfluß der Umwelt auf die Realisierung von Hochbegabung berücksichtigt wird; soziale Faktoren, die die Entwicklung intellektueller Fähigkeiten bestimmen und einen wesentlichen Einfluß auf das Arbeitsverhalten (task commitment) haben, bleiben unbeachtet (vgl. Akademie für Lehrerfortbildung Dillingen, Besonders begabt – Besonders begabt 1994, S.38). Dies bedingt die Leistungsorientierung des Ansatzes, welche Hochbegabung mit Hochleistung gleichsetzt (vgl. Spahn, Wenn die Schule versagt 1997, S.120). Diese Unterscheidung ist aber gerade im Erziehungsbereich sehr wichtig, da hier vor allem Leistung, nicht aber Begabung gemessen und festgestellt wird (vgl. Hochbegabtenförderung in der beruflichen Schule, Kusch u.a. 1998, S.277). Wenn, wie in der Modellabbildung verdeutlicht, eine hohe Motivation und ein intensives Interesse an der Auseinandersetzung mit spezifischen Inhalten im Bereich der Schnittmenge der anderen beiden Ringe als notwendige Bedingung zur Identifikation einer Person als hochbegabt angesehen wird, dann schließt diese Hochbegabungsdefinition Personen mit zwar hohem intellektuellen und kreativen Leistungspotential aber geringem Durchhaltevermögen, die sogenannten Underachiever, aus. Auch diejenigen, die bei sehr guter Intelligenz eine Aufgabenverpflichtung zeigen, werden gute oder sehr gute Leistungen erbringen, würden aber nach Renzulli wegen ihrer möglicherweise nicht überdurchschnittlichen Kreativität auch nicht als hochbegabt gekennzeichnet (vgl. Rost, Identifizierung von "Hochbegabung" 1991, S.202-203). Dies steht aber im Widerspruch zu Renzullis Ziel, die seiner Meinung nach große Gruppe der zu Unrecht nicht identifizierten Hochbegabten zu entdecken und zu fördern, die es genaugenommen nach seinem

Modell aber gar nicht geben kann (vgl. Tettenborn, Familien mit hochbegabten Kindern 1996, S.11).

Ein weiteres Problem seines Modells liegt darin, daß Aufgabenverpflichtung und Kreativität[15] schwer zu operationalisieren sind (vgl. Stamm, Hochbegabungsförderung in Deutschschweizer Volksschulen 1992, S.57). Nach Rost stellt man eine solide Diagnostik ernsthaft in Frage und verhindert eine operationale Definition, wenn "man solche unpräzise definierten und bislang nicht vernünftig meßbaren Variablen als notwendige Merkmale von 'Hochbegabung'" postuliert (Rost, Identifizierung von "Hochbegabung" 1991, S.204).

3.2 Das Triadische Interdependenzmodell der Hochbegabung (Mönks)

3.2.1 Beschreibung

Beim Triadischen Interdependenzmodell der Hochbegabung handelt es sich um eine Erweiterung des Drei-Ringe Modells von Renzulli durch die Komponenten Schule, Peers und Familie (vgl. Stamm, Hochbegabungsförderung in Deutschschweizer Volksschulen 1992, S.59):

- *Das Setting Schule:* Lehrkräfte hochbegabter Kinder werden oft durch deren hohes Lerntempo, Leistungs- und Lernkapazität und der Forderung nach Zuwendung vor Probleme gestellt. Daraus kann eine Überforderung entstehen, welche mit Nichtbeachtung oder Ablehnung beantwortet wird.

[15] Die genaue Bestimmung des Begriffes Kreativität bereitet ebenso große Schwierigkeiten wie die Definition von Intelligenz (vgl. Urban, Kreativität in der Schule 1991, S.9). Nach Cropley gehören zu den wesentlichen Qualitäten schöpferischen Denkens die Fähigkeit, neue Fragestellungen zu finden, der Blick für das Wesentliche, die Fähigkeit zur Analyse und Synthese, Einfallsreichtum, Flexibilität des Denkens und Originalität (vgl. Cropley, Unterricht ohne Schablone 1978, S.20-21). Es gibt unterschiedliche Kriterien für Kreativität. Die Einschätzung dessen, was als kreativ zu gelten hat, ist nicht nur von einer Gesellschaftsordnung zur anderen, sondern auch unter Menschen der gleichen Gesellschaft höchst verschieden und dem Wandel der Zeiten unterworfen. Durch moralische Wertungen wird die Aufstellung eines Kriteriums für Kreativität erschwert (vgl. ebd., S.48). Die Problematik des Messens von Kreativität zeigt sich bei der Bewertung von sogenannten Kreativitätstests (vgl. Rost, Identifizierung von "Hochbegabung" 1991, S.203).

- *Das Setting Peers:* Gleichaltrige Peers haben einen großen Einfluß auf ihre hochbegabten Klassenkameraden. Wenn diese zugleich "Außenseitertypen" sind, werden sie als Zielscheibe für Beleidigungen mißbraucht und mit Attributen wie "Streber" oder "Professor" attackiert. Solche Zuschreibungen machen es den hochbegabten Kindern schwer, in der Klasse akzeptiert zu werden und gleichaltrige Freunde zu finden. Dies verstärkt die Tendenz, Entwicklungsgleiche zu suchen, also meist ältere Kinder, welche gleiche Interessen und Neigungen haben.
- *Das Setting Familie:* Der Familie mißt Mönks für die sozial-emotionale kindliche Entwicklung große Bedeutung bei. Eltern eines hochbegabten Kindes werden aber häufig durch dessen Wißbegier, Lernwille und Energie überfordert und stehen der Entwicklung hilflos gegenüber. Nicht selten stellen Eltern aber auch aufgrund der ausgeprägten Begabung hohe Anforderungen an das Kind und verlieren durch eine übertriebene Förderung und Lenkung das psychische Wohlbefinden aus den Augen.

Damit betont Mönks (Beginn des Forschungsvorhabens 1985) die Bedeutung der Umwelt für die Entwicklung von Hochbegabung (vgl. Heller, Psychologische Probleme der Hochbegabungsforschung 1986, S.338). Erst bei günstigem Ineinandergreifen und Zusammenwirken all dieser sechs gleichberechtigten Bedingungskomponenten kann sich Hochbegabung als besondere Kompetenz, als hervorragende Leistung entwickeln (vgl. Tettenborn, Familien mit hochbegabten Kindern 1996, S.13). Hochbegabung erweist sich somit als Interaktionsprodukt von sechs Bedingungskomponenten.

Mönks bemerkt nachdrücklich:

> Das richtige Zusammentreffen von individuellen Anlagen und Bedürfnissen mit verständnisvoller und förderlicher Umwelt ist für die Entwicklung von entscheidender Bedeutung. Psychische Entwicklung sei deshalb als ein dynamischer und lebenslanger Prozeß definiert. Die Interaktionen zwischen individuellen Anlagen und sozialer Umgebung bestimmen, welches Verhalten (Handeln) und welche Verhaltens- bzw. Handlungsmotive aktualisiert und manifestiert werden (Mönks, Ein interaktionales Modell der Hochbegabung 1992, S.18).

Demnach kritisiert Mönks aus entwicklungspsychologischer Perspektive, daß Renzullis Modell zu statisch ist, da die einzig relevanten Faktoren des Modells Personfaktoren darstellen (vgl. Wild, Identifikation hochbegabter Schüler 1991, S.14).

Das Triadisches Interdependenzmodell der Hochbegabung nach Mönks (1992)

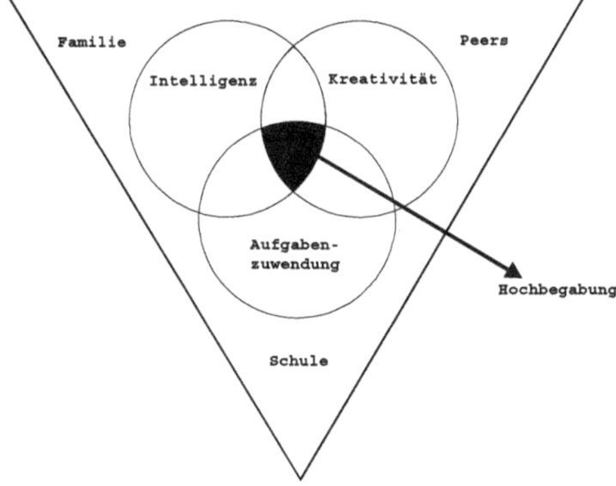

Quelle der Abbildung 3: Eigene Erstellung nach Mönks, Ein interaktionales Modell der Hochbegabung 1992, S.20

Der Begriff der Aufgabenzuwendung aus Abbildung 3 impliziert nicht nur die motivationale Komponente, sondern ebenfalls die kognitive sowie die emotionale Komponente bei der Realisierung einer gestellten Aufgabe (vgl. Böttcher, Lebenswelt sprachlich unterschiedlich begabter Kinder 1994, S.36).

Um die Interaktion zwischen Individuum und Umgebung zu optimieren ist zudem ein gewisses Ausmaß an sozialer Kompetenz notwendig (vgl. Mönks, Unser Kind ist hochbegabt 1993, S.23).

3.2.2 Bewertung

Aus erziehungswissenschaftlicher Sicht ist die Ergänzung um die drei Umweltfaktoren Schule, Peers und Familie zu befürworten[16], da Hochbegabung nicht als statisches Konstrukt, sondern als das Ergebnis einer dynamischen Wechselwirkung zwischen individuellen Begabungsanlagen und dem fördernden oder hemmenden Einfluß der sozialen Umwelt verstanden wird. Diese sozialen Faktoren stellen nicht nur Randbedingungen dar, sondern sie konstatieren Hochbegabung als soziales Phänomen:

> Die Interdependenz von Individuum und Umgebung bedeutet, daß Entwicklung immer zweiseitig bestimmt ist: das Kind, der Heranwachsende ist Produkt der Umgebung und gleichzeitig Produzent der Umgebung (Mönks 1987, pers. Mitteilung; zit. n. Hany, Modelle und Strategien zur Identifikation hochbegabter Schüler 1987, S.52-53).

Nach Mönks soll die Abbildung 3 "die jeweils wichtigsten Bedingungsfaktoren in ihrer wechselseitigen Beziehung" (Mönks, Kann wissenschaftliche Argumentation auf Aktualität verzichten? 1991, S.234) darstellen. Abgesehen von drei sich z.T. überschneidenden Kreisen bleibt es jedoch unklar, wie die "wechselseitige Beziehung" genauer aussehen soll.

Wie auch in dem Modell von Renzulli ist hohe Aufgabenmotivation entscheidend für die Hochbegabung, die dadurch indirekt mit Höchstleistung gleichgesetzt wird (vgl. Akademie für Lehrerfortbildung Dillingen, Besonders begabt – Besonders begabt 1994, S.38). So bietet das Modell keine Erklärung für das Auftreten von Underachievement bei Hochbegabten, will man dieses nicht unter "schulischen Einfluß" subsumieren. Es zeigt sich ein ähnlicher Widerspruch zwischen theoretischer Implikation und praktischer Absicht wie bei Renzulli: Diejenigen, für deren Entwicklungsbedingungen sich Mönks besonders einsetzen will, werden durch das theoretische Modell ausgeschlossen (vgl. Tettenborn, Familien mit hochbegabten Kindern 1996, S.14).

---

[16] Eine kritische Meinung vertritt Tettenborn. Danach erscheint die Erweiterung des Drei-Ringe Modells um die drei Ecken des Mönks Modells trivial, da schließlich die Entwicklung jeder Fähigkeit mehr oder weniger im familiären und weiteren sozialen Umfeld stattfindet (vgl. Tettenborn, Familien mit hochbegabten Kindern 1996, S.13).

3.3 Das Modell zur Beziehung von Begabung und Leistung (Gagné)

3.3.1 Beschreibung

Aus der Kritik an den Modellen von Renzulli und Mönks entwickelte Gagné (Beginn des Forschungsvorhabens 1985) ein eigenes Modell. Er kritisiert, daß man durch die Einbeziehung von Motivation als konstituierendem Element dieser Modelle der Frage der Underachiever nicht gerecht wird, da solche Kinder definitorisch ausgegrenzt werden, die zwar ein hohes intellektuelles Potential aufweisen, diese Leistung jedoch - aus welchen Gründen auch immer – momentan nicht zu zeigen in der Lage oder Willens sind (vgl. Wild, Identifikation hochbegabter Schüler 1991, S.15). Folglich bedeutet ein hohes intellektuelles Potential noch lange nicht die Erbringung hoher intellektueller Leistungen. Aus diesem Grund schlägt Gagné eine neue Bestimmung des Verhältnisses zwischen Begabung und Leistung vor. Sein Vorschlag besteht darin, "giftedness" ausschließlich für Begabungsaspekte und "talent" für Leistungsaspekte zu verwenden (vgl. Böttcher, Lebenswelt sprachlich unterschiedlich begabter Kinder 1994, S.30).

Wie aus Abbildung 4 ersichtlich ist, enthält seine Konzeption drei größere Einheiten:

1. *Fähigkeitsbereiche* werden eingeteilt in allgemeine (d.h. in intellektuelle, kreative, sozioaffektive, sensomotorische und andere) und in spezifische Fähigkeitsbereiche. Jedem dieser allgemeinen Fähigkeitsbereiche sind spezifische Fähigkeitsbereiche zugeordnet. Hochbegabt sind jene Personen, die in einem oder mehreren Bereichen überdurchschnittliche Fähigkeiten besitzen (vgl. Akademie für Lehrerfortbildung Dillingen, Besonders begabt – Besonders begabt 1994, S.39). Kreativität ist dabei ein, aber nicht *der* entscheidende Faktor (vgl. Spahn, Wenn die Schule versagt 1997, S.121).
2. *Talent / Leistungsbereiche* äußern sich als überdurchschnittliche Leistungen in einem oder mehreren Gebieten (vgl. Akademie für Lehrerfortbildung Dillingen, Besonders begabt – Besonders begabt 1994, S.39).
3. *Katalysatoren* sind maßgebend für den Prozeß, durch den Begabungen sich in Leistungen äußern; zu ihnen zählen Persönlichkeits- und Umwelteinflüsse verschiedener Art. Während bei offensichtlichem Talent unmittelbar auf eine hohe

Begabung geschlossen werden darf, so wird sich nach Gagné nicht jede Begabung auch in hohen Leistungen niederschlagen. Vielmehr ist diese Beziehung zwischen Begabungen und hohen Leistungen durch fördernde oder hemmende Faktoren der Person (Motivation, Interessen, Einstellungen etc.) oder der Umwelt (Familie, Schule etc.) vermittelt (vgl. Stapf / Stapf, Berichte aus dem psychologischen Institut der Universität Tübingen 1986, S.4).

Gagné versucht keine vollständige Aufzählung dieser Einflußfaktoren; genauso hält er sich bei der Aufzählung der möglichen Talente und Begabungen zurück. Vor allem soll die Struktur des Modells dargelegt werden (vgl. Hany, Modelle und Strategien zur Identifikation hochbegabter Schüler 1987, S.62).

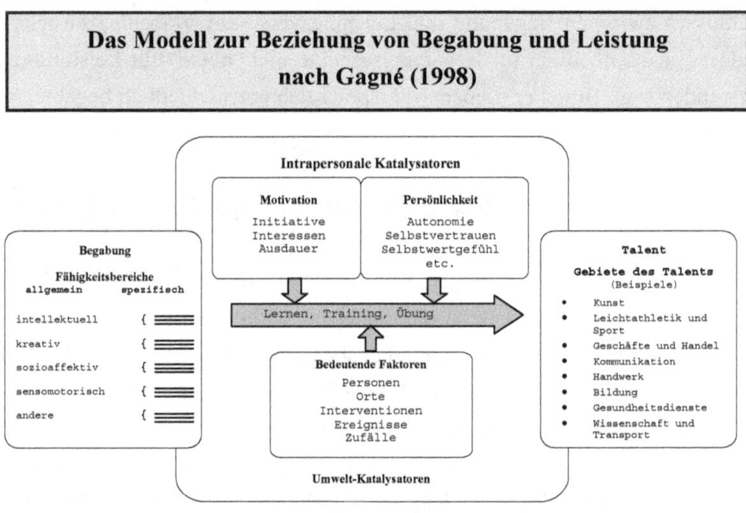

Quelle der Abbildung 4: Eigene Erstellung nach Gagné, Constructs and models pertaining to exceptional human abilities 1993, S.69f.

3.3.2 Bewertung

Im Gegensatz zum Drei-Ringe Modell von Renzulli und dessen Erweiterung zum Triadischen Interdependenzmodell von Mönks ist den Underachievern und Lernbehinderten durch die Trennung von Begabungspotential und erbrachter Leistung konzeptuell ein Platz eingeräumt. Begabungen setzen sich nach Gagné nicht automatisch in außergewöhnliche Leistungen um. Diese müssen vielmehr in der Interaktion mit der Umwelt entwickelt werden, wobei spezifische Faktoren der Person und der Umwelt diesen Prozeß zu beschleunigen oder zu behindern vermögen. Leistungsmotivation bleibt zwar bedeutsam, ist aber als Rahmenvariable der Entwicklung und nicht als konstituierendes Merkmal für Hochbegabung einzuordnen (vgl. Wild, Identifikation hochbegabter Schüler 1991, S.16-17).

Für die Anwendung in der Schulpädagogik ist das Modell von Gagné insofern von Interesse, als er zunächst von Begabungsanlagen ausgeht, die sich zeigen und erstaunliche Leistungen erbringen können. Gleichzeitig betont Gagné den bedeutenden Faktor der schulischen und außerschulischen Förderung als Umwelt-Katalysator für die Entwicklung von Leistungen (vgl. Fels, Identifizierung und Förderung Hochbegabter 1999, S.45).

Kreativität erhält im Modell von Gagné keinen großen Stellenwert, da Hochbegabung nicht länger durch eine Kombination intellektueller und kreativer Fähigkeiten definiert wird (vgl. hingegen Renzulli und Mönks). Einerseits ist dies für hochkonvergent Denkende von Vorteil, andererseits bleiben Hochdivergente[17] bei der Identifikation eher unberücksichtigt (vgl. Stamm, Hochbegabungsförderung in Deutschschweizer Volksschulen 1992, S.61).

---

[17] Kreatives Denken wird allgemein als divergentes Denken aufgefaßt (vgl. Bongartz / Kaißer / Kluge, Die verborgene Kraft 1985, S.44).

3.4 Das Münchner Multifaktorielle Begabungsmodell (Heller und Hany)

3.4.1 Beschreibung

In dem von Heller und Hany (Beginn des Forschungsvorhabens 1985) für ihre Längsschnittstudie an hochbegabten Schülern entworfenen Modell wird Hochbegabung in Anlehnung an die offizielle Hochbegabungsdefinition des U.S. Office of Education (Marland 1972, Revision 1978) definiert als:

> ... individuelle kognitive, motivationale und soziale Möglichkeit, Höchstleistungen in einem oder mehreren Bereich/en zu erbringen, z.B. auf sprachlichem, mathematischem, naturwissenschaftlichem vs. technischem oder künstlerischem Gebiet, und zwar bezüglich theoretischer und / oder praktischer Aufgabenstellungen (Heller, Zielsetzung, Methode und Ergebnisse der Münchner Längsschnittstudie zur Hochbegabung 1990, S.87).

Hochbegabung äußert sich demnach im intellektuellen, kreativen, sozialen, musisch-künstlerischen und / oder psychomotorischen Bereich, wobei natürlich noch weitere, hier nicht näher untersuchte Hochbegabungsformen anzunehmen sind. Den einzelnen Begabungsfaktoren können bestimmte Leistungsbereiche zugeordnet werden (vgl. Heller, Hochbegabung im Kinder- und Jugendalter 1994, S.44). An der Leistungmanifestation sind neben kognitiven Fähigkeiten jeweils – in unterschiedlicher Gewichtung – nicht-kognitive Persönlichkeitsmerkmale (Interessen, Motive, Lern- und Arbeitsstile usw.) sowie familiale und schulische Sozialisationsfaktoren beteiligt. Entsprechend läßt sich das Leistungskriterium als Produkt von Begabungsfaktoren, Umwelt- und (nichtkognitiven) Persönlichkeitsmerkmalen bestimmen (vgl. Heller, Hochbegabung im Kindes- und Jugendalter 1992, S.21-22). Unter diesen Rahmenbedingungen kann sich die Anlage einer Hochbegabung in eine realisierte Hochbegabung entwickeln (vgl. Fels, Identifizierung und Förderung Hochbegabter 1999, S.47).

In diesem multifaktoriellen Modell wird deutlich, aus welchen einzelnen Faktoren sich eine Leistung zusammensetzt und welche Wechselbeziehungen "sich glücklich fügen" müssen, damit eine entsprechende Leistung erbracht werden kann. Die verschiedenen Pfeile zeigen, daß Hochbegabungsleistung (Kriteriumsvariable) nur "im glücklichen Zusammenspiel" von entsprechenden Person- und Umweltmerkmalen möglich ist (vgl. Böttcher, Lebenswelt sprachlich unterschiedlich begabter Kinder 1994, S.21).

Um eine bessere Anschaulichkeit innerhalb der Darstellung zu gewährleisten, werden personinterne Merkmale (Begabungsfaktoren und nichtkognitive Persönlichkeitsmerkmale) und Umweltmerkmale unabhängig voneinander betrachtet. Die einzeln angeführten Merkmale der Begabungsseite werden in einer umfangreichen Legende (vgl. Heller, Hochbegabung im Kindes- und Jugendalter 1992, S.21) näher erläutert.

Das Münchner Multifaktorielle Begabungsmodell nach Heller und Hany (1992)

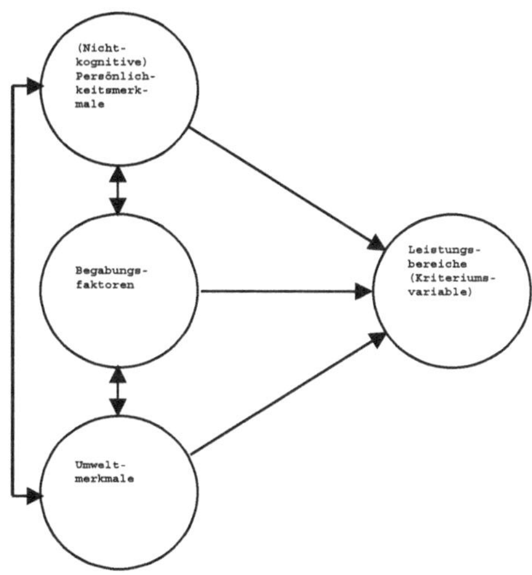

Quelle der Abbildung 5: Eigene Erstellung nach Heller, Hochbegabung im Kindes- und Jugendalter 1992, S.21

Legende

(Nichtkognitive) Persönlichkeitsmerkmale:

- Leistungsmotivation
- Hoffnung auf Erfolg vs. Mißerfolgsängstlichkeit
- Anstrengungsbereitschaft
- Kontrollüberzeugung
- Erkenntnisstreben
- Streßbewältigungskompetenz
- Selbstkonzept

Begabungsfaktoren:

- Intelligenz
- Kreativität
- Soziale Kompetenz
- Musisch-künstlerische Fähigkeiten
- Psychomotorik

Umweltmerkmale:

- Anregungsgehalt der häuslichen Umwelt
- Bildungsniveau der Eltern
- Geschwisterzahl und -position
- Stadt-Land-Herkunft
- Kritische Lebensereignisse
- Rollenerwartungen bzgl. "Hochbegabung"
- Häusliche Leistungsanforderungen
- Soziale Reaktion auf Erfolgs-/ Mißerfolgserlebnisse
- Familienklima
- Unterrichtsklima

***Leistungsbereiche (Kriteriumsvariable)*:**
exzellente Leistungen Hochbegabter in verschiedenen Bereichen, z.B. in

- Mathematik
- Naturwissenschaften
- Sprachen
- Musik bzw. im künstlerischen Bereich usw.

3.4.2 Bewertung

Das von Heller und Hany vorgestellte Modell berücksichtigt die Wechselwirkung zwischen dem Individuum und seiner sozialen Umwelt:

> Begabung ist zunächst eine relativ unspezifische individuelle Anlagepotenz, die in ihrer Entwicklung von Anfang an interagiert, also in Wechselwirkung tritt mit der sozialen Lernumwelt, d.h. mit konkreten Erziehungs- und Sozialisationseinflüssen. Begabung stellt sich somit zu jedem Zeitpunkt der individuellen Entwicklung als Interaktionsprodukt dar (Heller, Hochbegabung im Kindes- und Jugendalter 1992, S.28).

Dies bedeutet angemessenen Lernumwelten und günstigen Sozialisationsbedingungen Aufmerksamkeit zu schenken, nicht zuletzt, weil hochbegabte Kinder früh aktiv werden, spontan Einfluß auf ihre soziale Umwelt nehmen und ihr ausgeprägtes Lern- und Informationsbedürfnis stillen wollen.

Nach Heller besteht somit die Notwendigkeit einer Förderung zur Begabungsentfaltung:

> Erkennt man die Realität unterschiedlicher Begabungsformen an ... , dann stellt sich gleichermaßen die pädagogische und bildungspolitische Forderung, begabungsgerechte Erziehungs- und Sozialisationsbedingungen für jeden einzelnen zu ermöglichen. Konkret bedeutet dies, differentielle – begabungsspezifische – schulische Lernumwelten und Curricula anzubieten (Heller, Hochbegabung im Kindes- und Jugendalter 1992, S.28).

Durch die Berücksichtigung der Wechselwirkung zwischen dem Individuum und seiner sozialen Umwelt bietet sich eine Erklärung für das Auftreten von Underachievement Hochbegabter in der Schule an.

Dieses Modell beachtet allerdings nicht den gesellschaftlichen Kontext von Hochbegabung, welcher hingegen im folgenden Modell von Sternberg Berücksichtigung findet.

3.5 Die Implizite pentagonale Theorie der Hochbegabung (Sternberg)

3.5.1 Beschreibung

Sternbergs Theorie (Beginn des Forschungsvorhabens 1986) geht von einem kulturrelativistischen Ansatz der Hochbegabung aus. Demzufolge kann Hochbegabung nicht unabhängig vom jeweiligen gesellschaftlichen Umfeld gesehen werden, so daß die Einstufung als hochbegabt stets von den vorherrschenden gesellschaftlichen Werten und der bereits vorhandenen Verteilung der Begabungsniveaus abhängt (vgl. Fels, Identifizierung und Förderung Hochbegabter 1999, S.47). Nach Sternberg sind fünf Definitionskriterien für Hochbegabung konstitutiv (vgl. Heller, Begabungsdefinition, Begabungserkennung und Begabungsförderung im Schulalter 1995, S.11-12):

1. *Exzellenz:* Die Qualität der gezeigten Leistung muß in einer oder mehreren Dimensionen im Vergleich zur jeweiligen Peer-Gruppe überragend sein.
2. *Seltenheit:* Die gezeigte Leistung muß im Vergleich zur Vergleichsgruppe Seltenheitswert haben, um als Hochbegabung anerkannt zu werden. Diese Anforderung unterstützt das Kriterium der Exzellenz, erweitert es aber auch um den Aspekt der Leistungsrelativität unter Altersverschiedenen.
3. *Produktivität:* Die gezeigte Leistung muß produktiv sein oder Produktivität erwarten lassen. Dieses Kriterium geht von einer Veränderlichkeit der Leistung aus und entspricht den Drei-Ringen im Modell von Renzulli. Wurden früher bereits besondere Leistungen gezeigt und fehlen sie jetzt, so muß zunächst von einem Produktivitätsstop durch fehlende Überschneidung der drei Ringe von Renzullis Modell ausgegangen werden, wenn nicht andere Indizien (z.B. Hirnverletzungen) gegen die weitere Annahme einer Hochbegabung sprechen.
4. *Nachweis:* Die Außergewöhnlichkeit der Leistung muß nachweisbar sein. Dieses Kriterium postuliert praktisch die objektive, d.h. testmäßige Überprüfbarkeit einer vermuteten Hochbegabung. Es ist nicht ausreichend, wenn dieser Nachweis ein einziges Mal erbracht wurde, da es sich um Meßfehler oder den Einfluß günstiger Faktoren handeln kann.

5. *Wert:* Mit dem Wertkriterium wird die Nützlichkeit der betreffenden Begabungseigenschaft für die eigene Person und deren Wertschätzung im jeweiligen sozialen Kontext gefordert.

Die Implizite pentagonale Theorie der Hochbegabung nach Sternberg (1993)

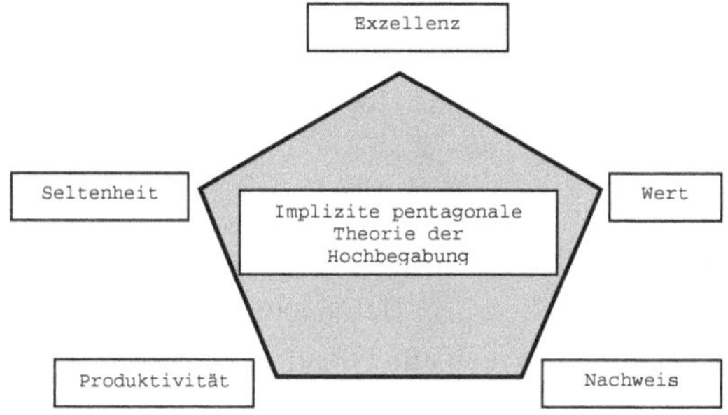

Quelle der Abbildung 6: Eigene Erstellung nach Sternberg, Procedures for identifying intellectual potential in the gifted 1993, S.185

3.5.2 Bewertung

Für die Schulpädagogik sind an Sternbergs Theorie mehrere positive Aspekte von Interesse. Das Kriterium der Exzellenz leistet Hilfestellung bei der Einschätzung von Schülern nach dem Überspringen von Klassen, wie z.B. bei einem sechsjährigen Kind, welches mit den Leistungen eines Achtjährigen in einer Klasse Achtjähriger oft nicht mehr als hochbegabt gilt. Für hochbegabte Kinder aus benachteiligten Sozialschichten, die in eine Klasse mit bessergestellten Kindern kommen, ist das Kriterium der Leistungsrelativität ebenso bedeutsam, wie die Berücksichtigung der Leistungsrelativität bei Altersverschiedenen. Ein unmittelbarer Leistungsvergleich wäre hiernach nicht zulässig, da gleiche Ergebnisse unter ungleichen Voraussetzungen erheblich unterschiedliche Leistungen darstellen. Dieser Punkt findet ebenso Berücksichtigung, wie die zeitliche Veränderlichkeit der Leistungsausprägung. Außerdem ist auch die Tatsache interessant, daß Sternberg, wenngleich dies in seinen Ausführungen nicht explizit genannt wird, durch das Kriterium des Wertes zwischen Hochbegabung und schulischen Leistungen unterscheidet. Danach schließen schlechte Zensuren Hochbegabung nicht aus, diese besagen vielmehr, daß den eventuell vorliegenden Begabungen im gesellschaftlichen Rahmen der Schule kein Wert beigemessen wird.

3.6 Kritische Zusammenfassung

Die Darstellungen der Modelle zeigen, daß Hochbegabung nicht mit einem bestimmten Intelligenzquotienten identisch sein kann und es *die* Hochbegabung an sich nicht gibt. Einigkeit besteht dahingehend, daß Hochbegabung in unendlich differenzierter Form auftreten kann und daß jeder Hochbegabte (wie jeder andere auch) eine einzigartige Persönlichkeit darstellt (vgl. Urban, Besondere Begabung – Förderung in der BRD, Begriffsentwicklung und konzeptuelle Grundlegung 1992, S.16). Heute gehen die *meisten* Modelle der Hochbegabung von mehrdimensionalen Konstrukten aus und interpretieren Hochbegabung als das Ergebnis einer Wechselwirkung von Persönlichkeits- und Umweltfaktoren. Die Festlegung, ob eine hohe Begabung bei einem Kind vorliegt, läßt sich deshalb auch immer nur punktuell im "Hier und Jetzt" einschätzen und muß als momentanes, veränderliches Produkt vorausgegangener Wahrnehmungen, Lernprozesse und Lebenserfahrungen interpretiert werden. Ob sich aus einer Hochbegabung eine herausragende Leistung entwickelt, ist infolgedessen von vielfältigen Lernprozessen und individuellen Erfahrungen abhängig, die verantwortlich dafür sind, daß eine Hochbegabung zur Entfaltung gelangen kann oder in ihrem Wachstum gehemmt wird (vgl. Spahn, Wenn die Schule versagt 1997, S.105-106).

Kein Modell ist in der Lage, alle diese Beziehungen zu erfassen. So ist bis heute keine von *allen* Fachleuten anerkannte Richtung oder solide wissenschaftliche Grundlage für Theorie und Praxis vorhanden, ebenso keine Definition, welche das Konstrukt "Hochbegabung" konsensfähig definieren könnte.

M.E. muß der Vielfalt der Erscheinungsformen von Hochbegabung auch eine Pluralität der theoretischen Modelle entsprechen, um somit die Möglichkeit zu erhöhen, alle potentiellen und manifesten Hochbegabungen zu erfassen und individuumsgerecht zu fördern. Den dargestellten Modellen fehlt es häufig an Präzisierung, und zwar sowohl des Zusammenwirkens der einzelnen Komponenten im Leistungsprozeß als auch der Interaktionsverläufe im Rahmen der individuellen Entwicklung. Graphische Symbolisierungen solcher Interaktionen durch z.B. ineinandergreifende Kreise oder Flächen können nur als starke Vereinfachung komplexer Beziehungen aufgefaßt werden. Nach Hany "wird man diesen Modellen am ehesten gerecht, wenn man sie als Sammlung von Ausrufezeichen versteht, die bei der Konzeption und Durchführung von Forschungs- bzw. Förderprogrammen gleichermaßen zu berücksichtigen sind" (Hany / Nickel, Begabung und Hochbegabung 1992, S.4).

Aus dieser Perspektive erscheint es sinnvoll, eine theorieübergreifende Übersicht, welche die entscheidenden wissenschaftlichen Ergebnisse der einzelnen Modelle darstellt, als Grundlage dieser Arbeit vorzustellen. Dies ermöglicht eine Hervorhebung der bedeutenden Aspekte der unterschiedlichen Modelle, die inhaltlich für diese Arbeit relevant sind.

Modelle	Relevanz der einzelnen Modelle für die pädagogische Arbeit in der Grundschule
Das Drei-Ringe Modell der Hochbegabung (Renzulli)	• Hochbegabung definiert sich nicht ausschließlich durch Intelligenz • Gelegenheiten für das Zeigen von begabten Verhalten schaffen
Das Triadische Interdependenzmodell der Hochbegabung (Mönks)	• Dynamische Wechselwirkung zwischen individuellen Begabungsanlagen und dem fördernden oder hemmenden Einfluß der sozialen Umwelt • Hochbegabung als soziales Phänomen
Das Modell zur Beziehung von Begabung und Leistung (Gagné)	• Begabung muß sich nicht in Leistung äußern (Underachiever und Lernbehinderte) • Außergewöhnliche Leistungen brauchen eine förderliche Umwelt
Das Münchner Multifaktorielle Begabungsmodell (Heller und Hany)	• Begabungsentwicklung als Interaktionsprozeß (person)interner Anlagefaktoren und externer Sozialisationsfaktoren • Lernbedingungen unterliegen Wechselwirkungen • Forderung: begabungsgerechte Erziehungs- und Sozialisationsbedingungen für jeden einzelnen; dies bedeutet begabungsspezifische schulische Lernumwelten und Curricula
Die Implizite pentagonale Theorie der Hochbegabung (Sternberg)	• Berücksichtigung des gesellschaftlichen Rahmens bei der Wertschätzung von Begabungen • Beachtung der Leistungsrelativität • Zeitliche Veränderlichkeit der Leistungsausprägung • Einschätzung von Schülern nach dem Überspringen von Klassen

Quelle der Tabelle 1: Eigene Erstellung

Alle diese Faktoren sind zu bedenken, wenn es um die Förderung von hochbegabten Kindern in der Grundschule geht. Optimale Lernumwelten sind die eine Grundlage dazu, die andere besteht darin, die besonderen Begabungen eines Menschen zu erkennen und anzuerkennen, was teilweise von intellektuellen und persönlichkeitsbezogenen Merkmalen abhängt, ebenso aber von äußeren Umständen.

Abschließend bleibt anzumerken, daß sich die verfügbaren Modelle als ergänzungsfähig im Hinblick auf den konkreten Handlungsbezug und das pragmatische Umgehen mit dem Begabungspotential erweisen. Gerade dieser soziale Bezug und die Fähigkeit des Heranwachsenden, mit seinem Begabungspotential verantwortlich umzugehen, ist eine unentbehrliche Konsequenz.[18] Neben den Kognitionswissenschaften wäre hier die Sozialpsychologie gefordert, im Rahmen einer gegenwartsnahen Hochbegabtenförderung Konzepte zu entwickeln.

4 Persönlichkeitsentwicklung intellektuell hochbegabter Kinder in der Grundschule

Trotz der Verschiedenheiten der einzelnen Individuen lassen sich in der Literatur immer wieder Hinweise auf charakteristische Gemeinsamkeiten intellektuell hochbegabter Kinder finden. Diese unterscheiden sich von ihren durchschnittlich begabten Altersgenossen in einer Vielzahl von Persönlichkeitsmerkmalen. Hieraus *können* sich Probleme[19] in folgenden Bereichen ergeben; zum einen interne Probleme durch eine fehlende Synchronisation der einzelnen Bereiche der kindlichen Persönlichkeit und zum anderen externe Probleme durch Erwartungen der Mitmenschen, die sich nur am chronologischen Alter des Kindes orientieren.

---

[18] Hier sei an U. Meinhoff erinnert, die sich als Stipendiatin der Studienstiftung des Deutschen Volkes zwar politisch sehr engagiert hat, doch nicht in eine Richtung, die man sich erhofft hatte.

[19] Wenn hier von Problemen gesprochen wird, dann heißt das nicht, daß hochbegabte Kinder grundsätzlich als problematisch anzusehen sind. Die Persönlichkeit eines hochbegabten Kindes entwickelt sich gesund und harmonisch, wenn familiäre, schulische und persönlichkeitsbestimmende Voraussetzungen in einem organischen Gleichgewicht gewährleistet sind (vgl. Spahn, Wenn die Schule versagt 1997, S.147-148). Wie alle anderen Kinder brauchen Hochbegabte für eine unversehrte Persönlichkeitsentwicklung eine anregende, ermutigende und verständnisvolle Umwelt.

Insofern erscheint es sinnvoll, die sozial-emotionale Entwicklung des hochbegabten Kindes in bezug auf seine schulische Umgebung zu betrachten, da die Schule insbesondere in der Einschulungszeit, den ersten Schuljahren und ganz besonders die Persönlichkeit des Lehrers eine wichtige Rolle spielt.[20] Dies verdeutlicht in bezug auf das hochbegabte Kind der negative Pygmalion Effekt, der auf eine nicht erfolgte Einstufung als hochbegabt von Seiten des Lehrers eingeht und die Gefahr des Underachievements, die bei stetiger schulischer Unterforderung besteht.

4.1 Charakteristika intellektuell hochbegabter Kinder

Zunächst stellt sich die Frage, welche spezifischen Eigenarten von hochbegabten Kindern sich von durchschnittlichen Kindern unterscheiden. Eine realistische Bestandsaufnahme über Fähigkeiten und Merkmale hochbegabter Kinder nimmt einerseits Abstand von der "Termanschen Generalisierung", welche Hochbegabten eine allgemein bessere Gesundheit und höhere psychische Stabilität zuspricht als durchschnittlich Begabten, und andererseits von der "psychiatrischen Pathologisierung" (Stamm, Hochbegabungsförderung in Deutschschweizer Volksschulen 1992, S.71), die eine enge Verbundenheit von Verhaltensstörungen und Hochbegabung postuliert.

Die Wirklichkeit ist viel differenzierter: Die menschliche Hochbegabung zeigt eine breite Vielfalt und Variabilität der Entwicklungsverläufe und Erscheinungsbilder. So dürfen die im folgenden aufgezählten Charakteristika zwar als wissenschaftlich fundiert betrachtet werden, doch muß daran erinnert werden, daß bei kaum einem hochbegabten Kind alle Eigenschaften gleichzeitig auftreten. Die Grenzlinie zwischen einem Minimum an notwendigen Eigenschaften und dem Grad ihrer Ausprägung ist fließend (vgl. Heinbokel, Hochbegabte 1988, S.33). Keines dieser Merkmale ist für sich allein betrachtet ein unmißverständlicher Hinweis auf Hochbegabung. So müssen umgekehrt auch nicht alle Eigenschaften bei einem hochbegabten Kind erkennbar

[20] An dieser Stelle erscheint es sinnvoll, darauf hinzuweisen, daß stets die schon vorausgegangene Entwicklung des hochbegabten Kindes Beachtung finden muß. Insbesondere die Bedeutung des Kindergartens, in dem die Kinder ihre ersten Erfahrungen machen, sei an dieser Stelle erwähnt, auf die im Rahmen dieser Arbeit nicht weiter eingegangen werden kann.

sein. Die jeweiligen intellektuellen Profile können also sehr verschieden ausgeprägt sein, wie dies insbesondere auch Roedell, Jackson, Robinson betonen:

> Gifted children show a wide range of personality characteristics and levels of social maturity (Roedell / Jackson / Robinson, Gifted young children 1980, S.26).

Es ist wichtig darauf hinzuweisen, daß die aufgelisteten Merkmale nicht zum Tragen kommen oder sich sogar ins Gegenteil verwandeln können, wenn Umweltfaktoren und Motivation hemmend auf die Leistungen des Kindes wirken (vgl. wysiwyg://fenster.21 /http:/hbf.geonet.de/kurzfass.htm und Bundesministerium für Bildung und Wissenschaft, Forschung und Technologie, Begabte Kinder finden und fördern 1996, S.22). Für die pädagogische Arbeit in der Grundschule erscheint es daher sinnvoll, eine Unterscheidung zwischen leicht und schwierig zu erkennenden Hochbegabungen vorzunehmen. Diese Auflistung kann keinen Anspruch auf Vollständigkeit erheben, doch enthält sie die besonders bedeutsam erscheinenden Merkmale. Für Beobachtungen von Schülern kann diese Liste hilfreich sein und als erster Anhaltspunkt dienen

Schülermerkmale des Lernens und Denkens	
(Leicht zu erkennende Hochbegabungen)	***(Schwierig zu erkennende Hochbegabungen)***
• Ihr Wortschatz ist für das Alter ungewöhnlich (vgl. Bundesministerium für Bildung und Wissenschaft, Begabte Kinder finden und fördern 1996, S.22). • Ihre Sprache ist ausdrucksvoll, ausgearbeitet und flüssig; es besteht ein Entwicklungsvorsprung im sprachstrukturellen und metasprachlichen Bereich (vgl. Urban, Begabungsförderung im Vorschulalter 1992, S.162). • Sie lesen sehr viel von sich aus, sind Frühleser und haben sich das Lesen selber beigebracht und bevorzugen Bücher, die über ihre Altersstufe deutlich hinaus gehen (vgl. Chauvin, Die Hochbegabten 1979, S.148 und Stamm, Hochbegabungsförderung in Deutschschweizer Volksschulen 1992, S.210). • Hochbegabte haben in einzelnen Bereichen ein sehr hohes Detailwissen und ein breites Spektrum allgemeinen Wissens (vgl. Akademie für Lehrerfortbildung Dillingen, Besonders begabt – Besonders begabt 1994, S.84 und Bongartz / Kaißer / Kluge, Die verborgene Kraft 1985, S.93). • Sie durchschauen sehr schnell Ursache-Wirkung-Beziehungen (vgl. Chauvin, Die Hochbegabten 1979, S.147). • Sie suchen nach Gemeinsamkeiten und Unterschieden, erkennen sehr schnell zugrunde liegende Prinzipien und können schnell gültige Verallgemeinerungen herstellen (vgl. Spahn, Wenn die Schule versagt 1997, S.184). • Sie können abstrakt denken und Probleme erkennen, analysierend beschreiben und Lösungswege aufzeigen (vgl. Bongartz u.a., Die verborgene Kraft 1985, S.93). • Sie haben eine schöpferische Phantasie, zeigen originelles und divergentes Denken und sind äußerst kreativ (vgl. Meister, Hochbegabte an deutschen Universitäten 1992, S.69). • Sie können außergewöhnlich gut beobachten (vgl. Heinbokel, Hochbegabte 1988, S.39). • Sie können sich Fakten schnell merken und haben ein außerordentliches Gedächtnis (vgl. Stapf / Stapf, Kindliche Hochbegabung in entwicklungspsychologischer Sicht 1988, S.7). • Sie lernen leicht und schnell und sind intellektuell neugierig (vgl. Chauvin, Die Hochbegabten 1979, S.147). • Sie geben in ihren Ausführungen zu erkennen, daß sie kritisch, unabhängig und wertend denken (vgl. Stamm, Hochbegabungsförderung in Deutschschweizer Volksschulen 1992, S.73).	• Sie sind gut im Problemlösen, aber erst wenn das Interesse geweckt ist (vgl. Stamm, Hochbegabungsförderung in Deutschschweizer Volksschulen 1992, S.210). • Sie können ihre Impulsivität und Intuition nicht immer kontrollieren und wirken daher manchmal unbeherrscht (vgl. ebd.). • Sie können sich gleichzeitig mit mehreren Sachen beschäftigen. Diese Streuung der Aufmerksamkeitszuwendung wird oft als Oberflächlichkeit, Unaufmerksamkeit, Zerfahrenheit und Abgelenkt sein beurteilt (vgl. Mönks, Unser Kind ist hochbegabt 1993, S.34). • Hochkreative Kinder sind im Denken augenscheinlich langsamer. Dies kann allerdings damit zusammenhängen, daß sie eine höhere Anzahl von Hypothesen für einen Lösungsweg produzieren und damit letztendlich auf qualitativ bessere Ergebnisse kommen (vgl. Spahn, Wenn die Schule versagt 1997, S.183). • Das breite Interessenspektrum birgt für die Hochbegabten die Gefahr sich zu verzetteln (vgl. Wieczerkowski, Vier hochbegabte Grundschüler in beratungspsychologischer Perspektive 1998, S.146). Das kann dazu führen, daß sie unorganisiert und chaotisch wirken (vgl. http://www. dghk.de/ lab56_3.htm).

Quelle der Tabelle 2: Eigene Erstellung

Schülermerkmale der Arbeitshaltung und Interessen	
(Leicht zu erkennende Hochbegabungen)	***(Schwierig zu erkennende Hochbegabungen)***
• Motivierte Hochbegabte gehen in bestimmten Problemen völlig auf (vgl. Akademie für Lehrerfortbildung Dillingen, Besonders begabt – Besonders begabt 1994, S.84).	• Sie geben vor, Antworten nicht zu wissen und betonen Fehler, um "normal" zu erscheinen (vgl. Billhardt, Hochbegabte - Die verkannte Minderheit 1996, S.236).
• Sie sind bemüht, Aufgaben stets vollständig zu lösen und haben eine intrinsische (Leistungs-)motivation (vgl. Heller, Begabungsdefinition, Begabungserkennung und Begabungsförderung im Schulalter 1995, S.13).	• Sie vermeiden Fleißarbeit und zeigen bei geringem Arbeitsaufwand Leistungsdefizite. Das vorhandene Wissen wird nur sporadisch gezeigt (vgl. Stamm, Hochbegabungsförderung in Deutschschweizer Volksschulen 1992, S.211).
• Sie sind bei Routineaufgaben oder zu leichten Anforderungen gelangweilt (vgl. Spahn, Wenn die Schule versagt 1997, S.184).	• Sie zeigen eine übertriebene Selbstkritik und einen rigiden Perfektionismus. Ihre Fähigkeit, Möglichkeiten und Alternativen zu sehen, kann dazu führen, daß sie sich Vorwürfe machen, ihre idealen Vorstellungen darüber, was sie sein könnten, nicht zu erreichen (vgl. http://www.dghk.de/lab56_3.htm).
• Sie sind perfektionistisch und selbstkritisch (vgl. Bundesministerium für Bildung und Wissenschaft, Begabte Kinder finden und fördern 1996, S.22).	• Sie haben Abneigungen gegen Wiederholungen verstandener Konzepte. Aufgrund schulischer Unterforderung und der für das hochbegabte Kind damit einhergehenden Langeweile werden sie ungeduldig und stören den Unterricht (vgl. Wieczerkowski, Vier hochbegabte Grundschüler in beratungspsychologischer Perspektive 1998, S.146).
• Sie verfügen über eine hohe Konzentration (Fokussierung) und außergewöhnliches Beharrungsvermögen (Persistenz) bei zumeist selbstgestellten intellektuellen Aufgaben (vgl. Stapf/ Stapf, Kindliche Hochbegabung in entwicklungspsychologischer Sicht 1988, S.7).	• Andererseits können sie auffallend ruhig, mutlos oder ängstlich werden und bei Nichtförderung jegliches Interesse und jegliche Neugierde verlieren (vgl. Billhardt, Hochbegabte - Die verkannte Minderheit 1996, S.236).
• Sie sind mit ihrem Tempo oder Ergebnis nicht schnell zufrieden und arbeiten oft gleichzeitig an mehreren Aufgaben (vgl. Spahn, Wenn die Schule versagt 1997, S.184-185).	• Obwohl sie redegewandt sind, können sie aber im Schriftlichen schwach sein und viele Flüchtigkeitsfehler machen. Häufig ist die Feinmotorik noch nicht genügend ausgebildet und so weisen die hochbegabten Schüler ein schlechtes Schriftbild auf (vgl. Mönks, Unser Kind ist hochbegabt 1993, S.36 und Spahn, Wenn die Schule versagt 1997, S.96).
• Sie arbeiten gern unabhängig, um hinreichend Zeit für das eigene Durchdenken eines Problems zu haben (vgl. Bongartz u.a., Die verborgene Kraft 1985, S.93).	• Weil ihr Aktivitätsniveau sehr hoch ist, werden hochbegabte Kinder manchmal irrtümlich für hyperaktiv gehalten. Dieser Irrtum läßt sich nur durch genaues Beobachten der Aktivität des hochbegabten Kindes vermeiden. Während das echt hyperaktive Kind eine sehr kleine Aufmerksamkeitsspanne hat, kann sich das hochbegabte Kind über lange Zeitstrecken auf eine einzige Aufgabe konzentrieren. Und wo die Aktivität des hyperaktiven Kindes sowohl konstant als auch ungerichtet ist, gilt die Aktivität des hochbegabten Kindes gewöhnlich ganz bestimmten Zielen (vgl. Webb / Meckstroth / Tolan, Hochbegabte Kinder 1985, S.23).
• Sie setzen sich hohe Leistungsziele und lösen (selbst) gestellte Aufgaben mit einem Minimum an Anleitung und Hilfe durch Erwachsene (vgl. Bundesministerium für Bildung und Wissenschaft, Begabte Kinder finden und fördern 1996, S.22).	• Sie schreiben schlechte Noten, verweigern die Leistung und gelten als Schulversager (vgl. Billhardt, Hochbegabte - Die verkannte Minderheit 1996, S.236).
• Sie interessieren sich für viele "Erwachsenenthemen" wie Religion, Philosophie, Politik, Umweltfragen, Sexualität, Gerechtigkeit in der Welt etc. (vgl. Heinbokel, Hochbegabte 1988, S.42 und Chauvin, Die Hochbegabten 1979, S.148).	• Sie lehnen sich auf, wenn das von ihnen Verlangte ihnen unvernünftig erscheint und gelten häufig als eigenwillig (vgl. Chauvin, Die Hochbegabten 1979, S.148).

Quelle der Tabelle 3: Eigene Erstellung

Schülermerkmale des sozialen Verhaltens	
(Leicht zu erkennende Hochbegabungen)	***(Schwierig zu erkennende Hochbegabungen)***
• Hochbegabte beschäftigen sich viel mit Begriffen wie Recht-Unrecht, Gut-Böse, und sind bereit, sich gegen Autoritäten zu engagieren. Meinungen von Autoritäten werden kritisch geprüft (vgl. Spahn, Wenn die Schule versagt 1997, S.185). • Sie sind individualistisch und wenig auf die Mehrheit hin ausgerichtet (vgl. Akademie für Lehrerfortbildung Dillingen, Besonders begabt – Besonders begabt 1994, S.85). • Sie können gut Verantwortung übernehmen und erweisen sich in Planung und Organisation als zuverlässig (vgl. Bundesministerium für Bildung und Wissenschaft, Begabte Kinder finden und fördern 1996, S.22). • Sie suchen ihre Freundschaften bevorzugt unter Gleichbefähigten, häufig unter Älteren (vgl. Heinbokel, Hochbegabte 1988, S.42). • Sie übernehmen oftmals die Rolle des Anführers, weil sie oft einen ausgeprägten Gerechtigkeitssinn haben (vgl. Spahn, Wenn die Schule versagt 1997, S.185). • Sie können sich in andere einfühlen und sind daher für politische und soziale Probleme aufgeschlossen (vgl. Stamm, Hochbegabungsförderung in Deutschschweizer Volksschulen 1992, S.73). • Sie geben ihr Wissen gerne an Klassenkameraden weiter (vgl. ebd., S.211) • Sie haben einen ungewöhnlichen Sinn für Humor (vgl. Webb / Meckstroth / Tolan, Hochbegabte Kinder 1985, S.50).	• Sie ziehen sich von der Gruppe zurück, geben an oder sind überheblich (vgl. Stamm, Hochbegabungsförderung in Deutschschweizer Volksschulen 1992, S.211). • Sie sind Außenseiter, ärgern und stören andere und erregen so die Aufmerksamkeit. Im Unterricht stellen sie häufig provokative und eigenwillige Fragen (vgl. ebd.). • Wenn das hochbegabte Kind keine anderen hochbegabten Kinder findet, wird ihm bewußt, daß es anders fühlt und anders handelt als andere. Es fühlt sich dann womöglich ausgegrenzt. So kommt es zu Einsamkeits- oder Versagergefühlen (vgl. Webb / Meckstroth / Tolan, Hochbegabte Kinder 1985, S.24). • Es kann sein, daß das hochbegabte Kind ungeduldig gegenüber denjenigen ist, die weniger schnell reagieren und eine aggressive oder dominierende Rolle gegenüber seiner Altersstufe einnimmt (vgl. Chauvin, Die Hochbegabten 1979, S.148). • Ebenso ist es möglich, daß es zu oberflächlichen Beziehungen zu weniger befähigten Mitschülern kommen kann (vgl. Wieczerkowski, Vier hochbegabte Grundschüler in beratungspsychologischer Perspektive 1998, S.146). • Sie verwenden Ironie als Mittel andere zu attackieren. Dies führt zu einer Beeinträchtigung der interpersonalen Beziehungen (vgl. ebd.).

Quelle der Tabelle 4: Eigene Erstellung

Bei der Betrachtung der unterschiedlichen Entwicklungsmöglichkeiten in bezug auf das Denken, wie sie beim Vergleich Hochbegabter und durchschnittlich Begabter zu beobachten sind, werden grundsätzlich zwei Ansätze zur Erklärung herangezogen:

1. Es kann sich um unterschiedliche Entwicklungsgeschwindigkeiten (bzw. Entwicklungsbeschleunigungen) handeln.

2. Das Entwicklungsniveau kann von Anfang an verschieden sein, wobei nichts darüber ausgesagt wird, ob die Entwicklung kontinuierlich oder diskontinuierlich, unilinear oder multilinear verläuft.

Zu Ansatz 1:
Entsprechend der Entwicklungstheorie von Piaget (1896-1980) besteht die geistige Entwicklung des Menschen im Erwerb eines mobilen Gleichgewichts zwischen zwei kognitiven Prozessen, nämlich der Akkomodation (Anpassung des Organismus an die äußere Welt) und Assimilation (Anpassung der äußeren Welt an den Organismus). Piaget unterscheidet drei Stufen[21] im Ablauf der geistigen Entwicklung (vgl. Ponjaert-Kristoffersen / Klerkx, Diagnostische Probleme bei der Früherkennung von Hochbegabung 1982, S.67). Da die Art und Abfolge der Stufen als universell angesehen werden, wird anhand des Piaget-Ansatzes vermutet, daß Hochbegabte die Stadien schneller durchlaufen (vgl. Waldmann / Weinert, Intelligenz und Denken 1990, S.96-98).

Zu Ansatz 2:
Bei diesem Erklärungsansatz wird von der Annahme eines von Geburt her höheren und qualitativ anderen Entwicklungsniveaus und nicht einfach von einer beschleunigten Entwicklung, also einer Frühreife, ausgegangen (vgl. Stapf / Stapf, Kindliche Hochbegabung in entwicklungspsychologischer Sicht 1988, S.11).

---

[21] In diesem Kontext sollen die Stufen der geistigen Entwicklung nicht weiter erläutert werden. Deswegen wird an dieser Stelle auf zwei grundlegende Werke von Jean Piaget "Sprechen und Denken des Kindes" und "Urteil und Denkprozeß des Kindes" (1972) hingewiesen.

4.2 Sozial-emotionale Entwicklung im Schulalter

Mit dem Eintritt in die Schule beginnt für jedes Kind ein neuer und bedeutender Lebensabschnitt (vgl. Hinz, "Wenn ich ein Schulkind bin!" 1996, S.62). Viele hochbegabte Kinder kommen mit hohen Erwartungen bezüglich ihrer Vorkenntnisse und der sie interessierenden Gebiete in die Schule und erwarten, daß eigenständig erworbene Fähigkeiten auf bestimmten Wissensgebieten anerkannt, unterstützt und weitergeführt werden (vgl. Breuel, Kindliche Hochbegabung in der Schule - Erfahrungen aus der Praxis 1996, S.42). Die hochbegabten Kinder erfahren aber sehr schnell, daß die Schule ihre Erwartungshaltung nur unvollständig erfüllt, denn hochbegabte Kinder verfügen schon zum Zeitpunkt des Schuleintritts über ein Fähigkeitspotential, das durch die üblichen schulischen Anforderungen bei weitem nicht ausgeschöpft wird. Sie können vielfach schon lesen, schreiben und rechnen und werden nun mit Anforderungen konfrontiert, welche sie allesamt schon längst beherrschen (vgl. Freeman, Ist hohe Intelligenz ein Handicap? 1982, S.129 und Rückert, Hochbegabte Kinder in der Grundschule 1992, S.169). Die meist autodidaktisch erworbenen Fähigkeiten, z.B. auf den Gebieten der Kulturtechniken (Schreiben, Lesen, Rechnen), werden oft nicht anerkannt, da Schule für die Mehrheit der Kinder konzipiert ist, denen man diese Fähigkeiten erst vermitteln will (vgl. Breuel, Kindliche Hochbegabung in der Schule - Erfahrungen aus der Praxis 1996, S.42). Auch auf seinen speziellen Wissensgebieten bietet die Schule dem hochbegabten Lernanfänger im allgemeinen keine Weiterförderung an.

Schulische Inhalte und didaktische Vorgehensweisen richten sich vor allem nach der Lernkapazität der "Durchschnittsschüler" aus (vgl. Spahn, Wenn die Schule versagt 1997, S.32). So zeichnet sich gewöhnlicher Schulunterricht in der Regel durch eine Reihe von Merkmalen aus, die denen hochbegabter Schüler diametral gegenüberstehen (vgl. Tabelle 5), wodurch die Betroffenen nur weit unter ihren intellektuellen Fähigkeiten gefordert werden.

Merkmale und Fähigkeiten Hochbegabter	Merkmale üblichen Schulunterrichts
• neigen zu abstrakten Inhalten	• behandelt konkrete Inhalte
• besitzen schnelle Auffassungsgabe	• wiederholt viel
• neigen zu Idealismus und Kritik	• erwartet Gehorsam gegenüber Autoritäten
• besitzen vielseitige und tiefe Interessen	• hat begrenzte Fächeranzahl und Fachtiefe
• bevorzugen produzierendes Denken	• fördert reproduziertes Wissen
• denken divergent	• erwartet konvergentes Denken
• haben komplexe Fähigkeiten	• lehrt basale Fähigkeiten
• bevorzugen offene, verständliche Lösungswege	• gibt Lösungswege vor
• haben größeres Vorwissen	• Wissenszuordnung nach Klassenstufen
• sind kreativ	• erwartet Konformität
• sind altruistisch	• bewertet individuelle Leistungen

Quelle der Tabelle 5: Eigene Erstellung nach Fels, Identifizierung und Förderung Hochbegabter 1999, S.80

Manche Experten vermuten, daß hochbegabte Kinder in der Grundschule ein Viertel bis die Hälfte ihrer Zeit im Klassenzimmer geistig ungefordert herumsitzen und oft mit irgendwelchen Fleißarbeiten beschäftigt oder völlig sich selbst überlassen werden (vgl. Webb / Meckstroth / Tolan, Hochbegabte Kinder 1985, S.24). Die Situation hochbegabter Schüler, schulische Aufgaben und Inhalte schneller zu verstehen als ihre Mitschüler und daher ständig auf diese warten zu müssen, verdeutlichen Webb, Meckstroth und Tolan:

> Stellen Sie sich ein Leben in einer Welt vor, in der der mittlere IQ 50 oder 60 [ist] ... und die meisten anderen eigentlich retardiert sind. Bedenken Sie, daß es keine andere Welt gibt, in der Sie leben könnten, und daß die Welt ja meist nur Mittelmaß hervorbringt. Die große Frage lautet also, ob wir lernen könnten gern in jener Welt zu leben, persönlich zufrieden, teilhabend und freudig ... (Webb / Meckstroth / Tolan, Hochbegabte Kinder 1985, S.34).

Freeman gibt zu Bedenken, daß der nicht seltene Widerspruch zwischen individueller Fähigkeit und pädagogischer Erwartung eine ständige Quelle für emotionales und intellektuelles Unbehagen für ein intellektuell hochbegabtes Kind sein kann (vgl. Freeman, Ist hohe Intelligenz ein Handicap? 1982, S.129).

In ihrem Lern- und Entwicklungsvorsprung werden diese Kinder in der Schule häufig nicht wahrgenommen. Und so besteht für sie die Gefahr, durch von ihnen als unsinnig oder lächerlich angesehene Übungen und die Verpflichtung darauf, den schulischen Lernanforderungen nicht mehr nachzukommen. Die Kinder werden oft dazu gezwungen, sich mit wenig herausforderndem Material zu beschäftigen, das sie einerseits als zu elementar und andererseits als irrelevant für ihre speziellen Interessen empfinden. Durch so entstandene Unterforderung, Langeweile und Frustration können manifeste Verhaltensprobleme oder Protestformen entstehen (vgl. Rost, Begabung und Begabungsförderung 1988, S.149). Das Kind kann mit Schulunlust, Aufgabenverweigerung und mit Aggressionen auf die Nichtannahme und die Nichtbeachtung seiner Fähig- und Fertigkeiten reagieren. Kinder greifen zwecks Abhilfe gegen Unterforderung z.B. zu folgenden Strategien: Die Silben, die der Lehrer spricht, zählen, die Zähne mit der Zunge zählen oder sich selber das Rückwärtsschreiben beibringen (vgl. Webb / Meckstroth / Tolan, Hochbegabte Kinder 1985, S.24). Im Extremfall fängt es an, den Unterricht und die Klassengemeinschaft massiv zu stören. Bei passiven Hochbegabten kann es aber auch zur Anpassung und Unterordnung mit dem Resultat der Kaschierung oder sogar der Leugnung der eigenen Fähigkeiten kommen (vgl. Hoyningen-Süess / Lienhard, Hochbegabung als sonderpädagogisches Phänomen 1998, S.57).

Die Verhaltensweisen, die sich aus Langeweile und Frustrationen ergeben oder von der Unzufriedenheit mit unangemessenen Lern- und sozialen Bedingungen stammen, werden von Lehrern häufig mit Verhaltensstörungen verwechselt. Im Sinne des "Sich-Nicht-Anpassen-Könnens" an die Gruppe wird vielfach das Verweigerungsverhalten hochbegabter Kinder bei sie sehr langweilenden Unternehmungen, wie dem "Stuhlkreis", nicht als Reaktion auf Unterforderung, sondern als Anzeichen für "soziale Unreife" interpretiert (vgl. http://www.lpb.bwue.de/aktuell/bis/4_97/bis974f.htm). Vielfach wird von den nun auffällig gewordenen Kindern verlangt: "Lerne erst einmal richtiges Sozialverhalten" (Breuel, Kindliche Hochbegabung in der Schule - Erfahrungen aus der Praxis 1996, S.42). Somit wird "soziale Reife" oftmals als Anpassung mißverstanden. Hochbegabte Kinder mit einer hohen Kritikfähigkeit machen aber oft nur das, was für sie einsichtig und sinnvoll ist. Dies wird in der Grundschule nicht immer unbedingt positiv gewertet. In diesem Kontext schreibt der Schulpsychologische Dienst der Stadt Köln:

> In der Oberstufe wird plötzlich Kritikfähigkeit verlangt, da nennt sich das dann 'soziale Reife'. Aber wehedem ein Kind zeigt das in der 1.Klasse! Es kann doch aber kein Zeichen von 'sozialer Reife' sein, wenn ein Kind unhinterfragt alles mitmacht (Schulpsychologischer Dienst der Stadt Köln, Modellversuch 1992, S.12).

In keiner Schulform ist die Variationsbreite der Eingangsvoraussetzungen durch die Heterogenität der individuellen Entwicklungsstände so groß, wie in den Anfängerklassen der Grundschule (vgl. Hinz, "Wenn ich ein Schulkind bin!" 1996, S.49). Da die Kinder in den einzelnen Klassen bezüglich ihrer Lernbedürfnisse sehr heterogen sind, begünstigt das Konzept der Jahrgangsklassen eine Unterforderung aber auch eine Überforderung (vgl. Mönks, Unser Kind ist hochbegabt 1993, S.52). Deswegen müssen gerade zu Beginn der Schulzeit hochbegabte Kinder ernstgenommen werden, da sie in der ersten Klasse auf ein Curriculum treffen, das ihren Bedürfnissen und Fähigkeiten nur wenig gerecht wird. So benötigen die intellektuell hochbegabten Kinder Unterstützung bei der Verarbeitung der enttäuschten Erwartungen und Angebote, welche ihrer Neugier und ihrem Lerndrang entgegenkommen (vgl. Stamm, Hochbegabungsförderung in Deutschschweizer Volksschulen 1992, S.77). Besondere Beachtung sollte hierbei ein "realitätsgerechtes Selbstkonzept[22] mit positiver Grundtönung" (Schlichte-Hiersemenzel, Unterstützungsmöglichkeiten auf dem Weg zu einem positiven Selbstkonzept 1996, S.44) finden. Aufgrund der oft selbst erfahrenen "Andersartigkeit" (Stapf / Stapf, Kindliche Hochbegabung in entwicklungspsychologischer Sicht 1988, S.13) gestaltet sich das Selbstbild des hochbegabten Kindes großenteils durch die negative Sicht dessen, was ihm widerfährt. "Der fehlende Glaube an sich und seine eigene Persönlichkeit wird mitbedingt durch die Welt, die es umgibt, und es ist fraglich, ob es in jedem Fall die seelische Kraft aufzubringen vermag, dieser Sackgasse aus eigenen Kräften zu entrinnen" (Spahn, Wenn die Schule versagt 1997, S.96-97). Die emotionale Sicherheit eines hochbegabten Kindes kann sich nur dann entwickeln, wenn es in seinem Anderssein angenommen und unterstützt, gefördert aber nicht überfordert wird und lernt, individuelle Unterschiede anzuerkennen, um sich in einer sozialen Gemeinschaft einleben zu können. Eine besondere Bedeutung kommt hier der Rolle des Lehrers zu. Er muß alle Kinder in der Schule zu einem respektvollen Umgang miteinander anleiten, denn gerade schulische Hochleistung findet zwar meist bei Erwachsenen Anerkennung, aber von den Gleichaltrigen wird sie oft als Bedrohung empfunden (vgl. Webb / Meckstroth / Tolan, Hochbegabte Kinder 1985, S.134-135).[23] Es ist von entscheidender Bedeutung, daß ein Klima von gegenseitiger Akzeptanz und Verständnis geschaffen wird, ohne die kein Mensch sich voll entwickeln kann – auch nicht der Hochbegabte.

---

[22] Es handelt sich um die Einschätzung der eigenen intellektuellen, sozialen und körperlichen Fähigkeiten und Wirkungsmöglichkeiten. Diese Selbsteinschätzung wird erlangt durch die Erfahrungen in der direkten Lebenswelt, durch das Verhalten von wichtigen Bezugspersonen und schließlich durch das Ausmaß der Selbstbeurteilung eigenen Verhaltens und Handelns. Das Selbst ist gleichsam der Gegenstand verschiedenartiger Beurteilungs- und Anerkennungsprozesse. Ein positives Selbstkonzept ist die "treibende und bestimmende Kraft" bei der Verwirklichung von Hochbegabung (vgl. Mönks, Unser Kind ist hochbegabt 1993, S.59).

[23] Die Lehrer müssen daher vermeiden, die Leistung eines hochbegabten Kindes dessen Gleichaltrigen als Vorbild hinzustellen. Webb, Meckstroth und Tolan nennen in diesem Zusammenhang den Fall, daß eine Lehrerin einen hochbegabten Zweitklässler vor ihrer vierten Klasse laut vorlesen ließ, "damit die Kinder sehen, wie sowas gemacht werden soll" (Webb / Meckstroth / Tolan, Hochbegabte Kinder 1985, S.135).

4.3 Hochbegabung und erwartungswidriges Verhalten

Im folgenden Kapitel werden kritische Punkte aufgezeigt, an denen sich emotional-psychische Besonderheiten oder Auffälligkeiten entwickeln und sich hemmend oder belastend für die Entwicklung auswirken können.

4.3.1 Asynchronien

Asynchronie bedeutet, daß einzelne Bereiche der kindlichen Persönlichkeit sich nicht synchron, d.h. in einem vergleichbaren Tempo entwickeln (vgl. Bongartz / Kaißer / Kluge, Die verborgene Kraft 1985, S.234). Von einer sozialen wird eine innere Asynchronie unterschieden. Die soziale (interindividuelle) Asynchronie kann auf der Beziehungsebene zwischen dem hochbegabten Kind und seiner Umwelt beobachtet werden, deren Hauptkomponenten die Schule, die Familie und die Peer-Gruppe sind.

Auf schulischer Ebene verweist die Asynchronie auf die Diskrepanz zwischen der akzelerierten intellektuellen Entwicklung eines hochbegabten Kindes auf der einen und dem für alle verbindlichen, am Durchschnitt standardisierten Schulcurriculum. Als Folge dieser Situation fühlt ein hochbegabtes Kind sich häufig unterfordert, gelangweilt und innerhalb seiner Klasse isoliert (vgl. Terrassier, Das Asynchronie-Syndrom und der negative Pygmalion-Effekt 1982, S.92).

In bezug auf die Familie besteht die Asynchronie in dem Mißverhältnis zwischen dem Ausmaß, in dem ein hochbegabtes Kind sich selbst darstellt und ausdrückt, und dem Ausmaß, in dem Eltern dies vom Kind erwarten. Da das hochbegabte Kind eine akzelerierte intellektuelle Entwicklung durchläuft, verhält es sich nicht alters- und erwartungsgemäß, so daß sich unter Umständen einige Eltern verunsichert und überfordert fühlen, wenn ihr Kind ihnen z.B. schon sehr früh Fragen über Grenzen des Lebens (Geburt, Tod, Gott, Universum) stellt (vgl. Bongartz / Kaißer / Kluge, Die verborgene Kraft 1985, S.235).

Schließlich zeigt sich die soziale Asynchronie auch auf der Beziehungsebene zwischen einem hochbegabten Kind und der Peer-Gruppe. Die Asynchronie zwischen dem Lebensalter und dem geistigen Alter impliziert, ob es Freunde mit gleichen Level geistiger Entwicklung, die jedoch älter und größer sind, haben wird oder Freunde, die im vergleichbaren Alter, jedoch geistig nicht so weit sind (vgl. Terrassier, Das Asynchronie-Syndrom und der negative Pygmalion-Effekt 1982, S.93). Man kann oft beobachten, daß sich das hochbegabte Kind für Gespräche und Spiele ältere Freunde sucht, daß seine körperliche Entwicklung es ihm aber unmöglich macht, ihnen auch außerhalb des Hauses in Sport und Spiel zu folgen (vgl. Stamm, Hochbegabungsförderung in Deutschschweizer Volksschulen 1992, S.77).

Zusammenfassend ist festzustellen, daß die Situation der sozialen Asynchronie einen starken Druck auf ein hochbegabtes Kind ausüben kann, der es dazu zwingen kann, zur Norm, zur "Normalität" zurückzukehren und sich dem Durchschnitt anzugleichen (vgl. Bongartz / Kaißer / Kluge, Die verborgene Kraft 1985, S.237).

Die innere Asynchronie stellt entweder eine Diskrepanz zwischen psychomotorischer und intellektueller Entwicklung, zwischen unterschiedlichen Bereichen der intellektuellen Entwicklung oder zwischen Intelligenz und affektiver Reife dar.

Die psychomotorische Entwicklung des jungen hochbegabten Kindes ist gegenüber seiner intellektuellen Entwicklung gewöhnlich verlangsamt. Die betreffenden Kinder nehmen sich Leistungen vor oder haben bereits ein fertiges Bild vor ihrem geistigen Auge, das sie mit ihrer noch nicht entsprechend entwickelten Feinmotorik nicht erbringen können, obwohl sie über entsprechende geistige Voraussetzungen verfügen (vgl. Fels, Identifizierung und Förderung Hochbegabter 1999, S.77).

Die Asynchronie zwischen unterschiedlichen Bereichen der intellektuellen Entwicklung zeigt sich deutlich bei Tests, die ein differenziertes Messen des verbalen Wissens im Vergleich zu verbalem und nichtverbalem Denken gestatten. Unter den verbalen Subtests zeigen "Information", "Wortschatz" und "Arithmetik" die weniger hervorragenden Ergebnisse, und nur selten ist ein hochbegabtes Kind von 6 Jahren mehr als zwei, drei Jahre voraus. Im Subtest "Analogien" jedoch, in dem das Kind Beziehungen zwischen zwei Elementen zu finden hat, kann man für dasselbe Kind sehr viel öfter einen Vorsprung von vier bis sechs Jahren beobachten. Dieser Subtest erfordert mehr intelligentes konzeptuelles Denken als Wissen (vgl. Terrassier, Das Asynchronie-Syndrom und der negative Pygmalion-Effekt 1982, S.94).

Die Asynchronie zwischen der intellektuellen und der affektiven Reife deutet auf Entwicklungsverzögerungen oder –diskrepanzen auf der inneren Ebene hin. Die fortgeschrittene intellektuelle Entwicklung, die mit affektiven Bedürfnissen in Konflikt gerät, kann das Kind dahin bringen, sich ein Verhalten anzueignen, das seine affektiv-emotionale "Unreife" verbirgt. Doch kann, z.B. wenn das Kind ins Bett geht und während der Nacht Angst und Furcht aufkommt, dies nicht durch Denken besiegt werden. Diese Situation ist besonders prekär, weil seine subtile Intelligenz ihm den Zugang zu Informationen erlaubt, die Quellen für Angst sein können (vgl. Bongartz / Kaißer / Kluge, Die verborgene Kraft 1985, S.241). Das Kind versteht zwar aufgrund seiner akzelerierten intellektuellen Entwicklung rational die Unlogik seines Verhaltens, kann aber aufgrund seiner affektiv-emotionalen "Unreife" z.B. bestehende Ängste und daraus entstehende Konflikte psychisch nicht angemessen verarbeiten (vgl. Heller, Psychologische Probleme der Hochbegabungsforschung 1986, S.351).

Die These von der Asynchronie zwischen intellektueller und sozial-emotionaler Entwicklung ist nach Stapf und Stapf nicht haltbar (vgl. Stapf / Stapf, Kindliche Hochbegabung in entwicklungspsychologischer Sicht 1988, S.11f.). Danach weisen in der sozial-emotionalen Entwicklung hochbegabte Kinder eine höhere Kompetenz auf; in ihren Spielinteressen, bei der Auswahl von Büchern, in ihrem ästhetischen Gefühl sowie in den sozialen Konfliktlösungs-Strategien und Vorschlägen für kooperatives Spielen entsprechen ihre Fähigkeiten ihrer Intelligenz. Demzufolge stimmt die psychosoziale Entwicklung eher mit dem geistigen als mit dem chronologischen Alter überein und läßt daher auf eine intraindividuell synchrone Entwicklung schließen (vgl. Stapf / Stapf, Berichte aus dem psychologischen Institut der Universität Tübingen 1986, S.14). Dagegen liegen nach Stapf und Stapf über die bedeutsamen Persönlichkeitskonstrukte wie Ängstlichkeit oder Aggressionen jedoch noch keine eindeutigen Befunde vor.

4.3.2 Der negative Pygmalion Effekt

Rosenthal und Jacobson (1976) konnten zeigen, daß die positiven Erwartungen von Lehrkräften an Schüler einen signifikanten Einfluß auf deren schulische Leistungen haben und bezeichneten dieses Ergebnis als den sogenannten Pygmalion Effekt, also einen Erwartungseffekt im Sinne einer sich selbst erfüllenden Vorhersage (self-fulfilling prophecy) (vgl. Fels, Identifizierung und Förderung Hochbegabter 1999, S.89). Ein negativer Pygmalion Effekt ist hingegen das irrtümlich zu niedrige Einschätzen eines Schülers und bedeutet, daß bei bislang unerkannten Hochbegabten Lehrer zu geringe Leistungserwartungen an diese haben und ihnen entsprechend seltener kognitiv anspruchsvollere Aufgaben stellen. Es werden lediglich normale, durchschnittliche Schulleistungen erwartet und zu einer Entwicklung "angeregt", die weit hinter den Möglichkeiten der Betroffenen liegt. Hier wirkt die vorgefaßte Meinung des Lehrers als eine wesentliche Behinderung für die Realisierung der Fähigkeiten der hochbegabten Kinder (vgl. Rost, Begabung und Begabungsförderung 1988, S.14). Nach Terrassier leiden etwa $^2/_3$ der hochbegabten Kinder unter einem negativen Pygmalion Effekt in der Schule und haben sich in die Erwartungen des Lehrers und des standardisierten Schulsystems einzufügen (vgl. Terrassier, Das Asynchronie-Syndrom und der negative Pygmalion-Effekt 1982, S.96).

Wie auch im Zusammenhang mit der Asynchronie die zwei Aspekte, der soziale und der innere, beschrieben wurden, soll hier neben der sozialen Dimension kurz auf die innere Seite des negativen Pygmalion Effektes eingegangen werden. Das Kind erarbeitet sein Selbstbild, indem es sich auf das Bild stützt, das ihm von seiner Umwelt widergespiegelt wird, die nicht in der Lage ist, seine besonderen Begabungen zu erkennen. Konsequenterweise wird es für das Kind sehr schwierig werden anzunehmen und zu entdecken, daß es hochbegabt ist (vgl. Bongartz / Kaißer / Kluge, Die verborgene Kraft 1985, S.185). Oftmals bleibt einem Kind nichts anderes übrig, als sich dem über die Interaktionspartner vermittelten Fremdbild anzupassen, es möglicherweise zu seinem Selbstbild zu machen. Durch die Anpassung an die falschen Erwartungen seiner Interaktionspartner entsteht die Gefahr eines inneren Zwanges, dessen Existenz oft nicht wahrgenommen wird und als unbewußte Barriere für den freien Ausdruck seiner Hochbegabung wirkt (vgl. Terrassier, Das Asynchronie-Syndrom und der negative Pygmalion-Effekt 1982, S.96). Das Kind traut sich z.B. nur noch solche Dinge zu tun, die von wichtigen Personen in seiner Umgebung (Eltern, Lehrern) akzeptiert werden. Daraus resultiert eine intellektuelle Hemmung, die an das aufkommende Gefühl gebunden ist, daß das Ausdrücken von Intelligenz eine "Quelle von Strafbarkeit" (ebd.) darstellt. Das Bedürfnis, normal zu fühlen und sich in die Norm zu fügen, führt das hochbegabte Kind dazu, unter einem negativen inneren Pygmalion Effekt zu leiden (vgl. Bongartz / Kaißer / Kluge, Die verborgene Kraft 1985, S.187).

Underachievement wird als eine folgende Konsequenz des negativen Pygmalion Effektes beschrieben (vgl. Terrassier, Das Asynchronie-Syndrom und der negative Pygmalion-Effekt 1982, S.97).

4.3.3 Underachievement

Als Underachiever bezeichnet man jene Schüler, die im Hinblick auf ihre intellektuelle Begabung erwartungswidrig schlechte Schulleistungen erbringen, d.h. - im Gegensatz zu den Achievern (Schulleistungstüchtigen) - ihr Begabungspotential aus persönlichkeitspsychologischen und / oder sozialen Gründen nicht angemessen aktivieren können (vgl. Heller, Zielsetzung, Methode und Ergebnisse der Münchner Längsschnittstudie zur Hochbegabung 1990, S.94). Es besteht eine Diskrepanz zwischen den Fähigkeiten und den erbrachten Leistungen, die erheblich hinter dem zurückbleiben, was eigentlich von den Betroffenen erwartet werden könnte. Das heißt ein Kind, das aufgrund seiner Begabung in der Lage ist, ohne Schwierigkeiten die Hauptschule zu durchlaufen, aber Klassen wiederholt und die Schule ohne Abschluß verläßt, gehört ebenso dazu wie ein hochbegabtes Kind, das ohne sitzenzubleiben mit guten Noten das Gymnasium durchläuft und dafür nie hat arbeiten müssen (vgl. Heinbokel, Hochbegabte 1988, S.62). Beide arbeiten unterhalb ihres möglichen Niveaus. Problematisch wird es dann, wenn das Kind mehr oder schneller als der Durchschnitt arbeiten kann und will und daran von Eltern und / oder Lehrern gehindert wird oder wenn die Leichtigkeit, mit der es die Schule durchläuft, zu einer schlechten Arbeitshaltung führt. Muß es dann eines Tages härter arbeiten, z.B. beim Übergang von der

Grundschule auf eine weiterführende Schule, kann auch ein hochbegabtes Kind versagen, weil es Lern- und Arbeitstechniken nicht gelernt hat (vgl. ebd.).

Für das Entstehen von Underachievement werden folgende pädagogische Faktoren angegeben: Mangel an Interesse in speziellen schulischen Fächern, unbeachtete Kreativität, Konformität und Wettbewerbsdruck im Klassenzimmer, ungeeignetes Curriculum, unflexibler und rigider Unterrichtsstil, Mangel an intellektueller Herausforderung, gering ausgeprägte Lern- und Arbeitstechniken, in Fragen der Hochbegabung nicht kompetente Lehrkräfte, unzulängliche Lehrmethoden (vgl. Spahn, Wenn die Schule versagt 1997, S.203). Eine chronische Unterforderung im Unterricht führt bei hochbegabten Underachievern oft zu Verhaltensauffälligkeiten, die nicht als unrealisiertes Begabungspotential, sondern häufig als Verhaltensstörungen verstanden werden. Zwar ist nicht jedes auffällige oder schulmüde Verhalten ein Zeichen für ungenutzte Begabungen, doch müßten Lehrer in der Lage sein, zumindest diese Möglichkeit als Erklärung heranzuziehen (vgl. Urban, Förderung besonderer Begabungen 1996, S.20).

Aus diesem Blickwinkel erscheint es für die pädagogische Arbeit in der Grundschule angebracht, charakteristische Verhaltensmerkmale und Eigenschaften von Underachievern im nachfolgenden aufzulisten.

Verhaltensmerkmale und Eigenschaften von Underachievern
• besitzen eine "äußere Kontrollüberzeugung" (demnach wird das eigene Verhalten vor allem von außen bestimmt) • schwache Konzentration • negatives schulisches und persönliches Selbstkonzept • geringes Lerntempo im Vergleich zu den Mitschülern • große Mühe beim Studium von schriftlichem Lernstoff • negatives Urteil über Lehrer und Schule • geringe Schulmotivation • Unzufriedenheit über die eigenen Lerngewohnheiten und die erreichten Resultate • viele außerschulische Aktivitäten • Mitschüler hegen zu hohe Erwartungen in bezug auf die Leistungsfähigkeit (vgl. Mönks, Unser Kind ist hochbegabt 1993, S.58-59) • Prüfungsangst • geringes soziales Selbstvertrauen • die betreffenden Schüler fühlen sich von den Klassenkameraden oft nicht akzeptiert (vgl. Drewelow, Begabungsförderung in der Schule 1992, S.170)

Quelle der Tabelle 6: Eigene Erstellung nach Mönks, Unser Kind ist hochbegabt 1993, S.58-59 und Drewelow, Begabungsförderung in der Schule 1992, S.170

4.4 Kritische Zusammenfassung

Zunächst schließe ich mich der Ansicht Hellers an, der Hochbegabung an sich nicht als problematisch einschätzt (vgl. Heller, Psychologische Probleme der Hochbegabungsforschung 1986, S.351). Grundsätzlich gelten bezüglich Entwicklung und Sozialisation für hochbegabte Kinder die gleichen Ratschläge und Verhaltensempfehlungen wie für jedes andere Kind auch. Wichtig sind neben einer emotional-affektiven Zuwendung die Schaffung von Lernanreizen. Dennoch dürften sich angesichts bestimmter typischer Verhaltensweisen und Gefährdungen einige Probleme potentiell oder tatsächlich darbieten, vor allem im Hinblick auf soziale oder innere Asynchronien eines hochbegabten Kindes. Diese erfordern ein beträchtliches Maß an Anstrengung von dem hochbegabten Kind, vor allen Dingen, wenn es darüber hinaus noch alle jene Probleme zu lösen hat, wie sie bei jedem anderen Kind auftreten. Die Gefahr des negativen Pygmalion Effektes und des Underachievements ist offensichtlich. Angesichts dieser potentiellen Gefährdungen sind erziehende Personen, also insbesondere die Lehrer, verstärkt herausgefordert, möglichst optimale Entwicklungs-, Entfaltungs- und Lernmöglichkeiten zu schaffen. Das Akzeptieren des Andersseins, Geduld, Empathie und Toleranz sind Grundlagen, um Isolation und Segregation entgegenzuwirken, damit das hochbegabte Kind sich in der Gemeinschaft (Schule, Familie, Peers) entfalten kann.

5 Identifikation von Hochbegabung

Die Identifikation von Hochbegabung ist der erste Schritt zu einer Hochbegabtenförderung.[24] Denn schließlich zielt eine pädagogisch orientierte Identifikation stets auf eine nachfolgende Förderung. Deswegen sollte Ausgangspunkt jedes Identifizierungsverfahrens zunächst die Klärung der Frage sein, ob überhaupt eine gezielte Förderung, die sich an die Identifikation anschließen sollte, gewünscht und möglich ist, da die Bezeichnung "hochbegabt" sonst nur dem Selbstzweck dienen würde und die negativen Folgen dieser Etikettierung vermutlich überwiegen würden (vgl. Hany, Modelle und Strategien zur Identifikation hochbegabter Schüler 1987, S.95-96).

In der Literatur findet man häufig die synonym verwendeten Begriffe "Diagnostik von Hochbegabung" und "Identifikation von Hochbegabung". Da der Begriff "Diagnose" eher dem medizinischen Bereich zugeordnet wird (vgl. Microsoft Encarta Enzyklopädie Plus 99 CD-ROM, Stichwortverzeichnis und Wörterbuch) liegt die Assoziation nahe, daß Hochbegabung als problemverursachendes Makel gesehen werden könnte, das ähnlich einer Krankheit diagnostiziert und gegebenenfalls durch Förderung behandelt werden muß. Demgegenüber steht der Begriff "Identifikation von Hochbegabung" für das Erkennen, Auswählen und gezielte Fördern hochbegabter Schüler (vgl. Fels, Identifizierung und Förderung Hochbegabter 1999, S.117). Hierbei steht die ganzheitliche Persönlichkeit der Schüler im Vordergrund. Dieser Begriff kommt dem Anspruch dieser pädagogisch orientierten Arbeit näher und soll daher im folgenden Verwendung finden.

[24] Nach Feger ist eine Identifikation für die Hinlenkung auf den individuell gemäßen Bildungsweg bereits als erste Förderungsmaßnahme zu sehen (vgl. Feger, Hochbegabung 1988, S.99).

5.1 Aufgaben der Identifikation von Hochbegabten

Als Aufgabenstellung der Identifikation werden folgende Bereiche genannt:

1. Hochbegabtenidentifikation als Präventions- bzw. Interventionshilfe innerhalb des allgemeinen Unterrichts von leistungs- und fähigkeitsheterogenen Klassen in der Schule (vgl. Wild, Identifikation hochbegabter Schüler 1991, S.26).
2. Die Talentsuche dient der Identifizierung hochbegabter Kinder zum Zwecke einer gezielten Begabungsförderung in Form von Förderprogrammen, Projekten und Wettbewerben. Charakteristisch sind hierfür Gruppenuntersuchungen (vgl. Heller, Begabungsdiagnostik in der Schul- und Erziehungsberatung 1991, S.279-280 und Hany, Modelle und Strategien zur Identifikation hochbegabter Schüler 1987, S.98).
3. Bei der Hochbegabtenidentifikation in der Einzelberatung geht die Initiative von den Betroffenen, zumeist von den Eltern, aus. Oft liegt ein aktueller Beratungsanlaß zugrunde, wie etwa individuelle Verhaltens- und Leistungsprobleme, soziale Beziehungskonflikte oder Erziehungs- bzw. Sozialisationsprobleme, soweit hierfür – direkt oder indirekt – Hochbegabung verantwortlich gemacht werden kann. Diese Einzelberatung dient der Vorbeugung oder Aufklärung (vgl. Wild, Hochbegabtendiagnostik durch Lehrer 1993, S.130).
4. Bei der Hochbegabtenidentifikation als Forschungsbeitrag[25] rücken reines Erkenntnisinteresse und / oder Problemstellungen der angewandten Hochbegabungsforschung in den Vordergrund (vgl. Stamm, Hochbegabungsförderung in Deutschschweizer Volksschulen 1992, S.89).

[25] Die Forschung z.B. im Rahmen des "Experten-Novizen-Paradigmas" untersucht den Einfluß bereichsspezifischen Wissens auf die Leistungsentwicklung (vgl. Schneider, Von Hochbegabung zur Leistungselite 1998, S.204).

5.2 Identifizierungsverfahren

Identifikationsstrategien lassen sich nicht aus einem einzigen Hochbegabungsmodell ableiten, da Hochbegabung ein komplexes Bedingungsgefüge darstellt, wie dies schon Kapitel 3 verdeutlicht hat. Vielmehr muß auf verfügbare Instrumente zurückgegriffen werden, ohne ein "prototypisches Identifikationsinstrument" (Bongartz / Kaißer / Kluge, Die verborgene Kraft 1985, S.59), welches alle hochbegabten Kinder zweifelsfrei identifizieren könnte, in der Hand zu haben. Entgegen manchen Vorstellungen werden hochbegabte Schüler keineswegs immer leicht und zuverlässig erkannt (vgl. Heller, Möglichkeiten und Grenzen der Diagnostik von Hochbegabung 1987, S.109).

Die Darstellung der Identifikationsinstrumente bezieht sich vor allem auf die Punkte 1 und 3 der genannten Aufgabenbereiche – und weniger auf die Talentsuche. Diese wird in umfassenden Forschungsprojekten entwickelt und überprüft (vgl. Hany 1987, Heller 1990).

Die Identifizierungsverfahren werden im folgenden in formelle und informelle Verfahren eingeteilt.

5.2.1 Formelle Verfahren

Obwohl formelle Verfahren erhebliche Mängel aufweisen, handelt es sich um zuverlässige Datenquellen, wenn sie mit Sorgfalt ausgesucht und eingesetzt werden. Der größte Vorteil besteht darin, daß sie vergleichbare Daten für alle Schulkinder liefern können. Die meisten informellen Verfahren sind hingegen nicht imstande, dies zu leisten.

Intelligenztest
In fast allen Modellen wird die kognitive Leistungsfähigkeit als zentraler Bestandteil von Hochbegabung genannt, so daß die Verwendung von Intelligenztests zu den wichtigsten Verfahren zählt. Abgesehen von wenigen Ausnahmen konzipieren fast

alle der im deutschen Sprachraum verwendeten Intelligenztests Intelligenz als Ensemble von Fähigkeiten und deren Gesamtergebnis als Summe der Werte in Teilbereichen einer Aufgabensammlung, die verschiedene Fähigkeiten oder Intelligenzfaktoren berücksichtigt (vgl. Stamm, Hochbegabungsförderung in Deutschschweizer Volksschulen 1992, S.91). Bereits im Definitionskapitel wurde dargelegt, daß die ausschließliche Definition von Hochbegabung über hohe Intelligenz nicht ausreicht; der Intelligenztest als einziges Identifikationsverfahren ist deshalb auch abzulehnen. Im folgenden werden die Mängel des Intelligenztests aufgezeigt:

- Die Kultur- und Schichtenspezifität der Tests ist auf die Mittel- und Oberschicht ausgerichtet und benachteiligt Kinder aus der Unterschicht bzw. eine Reihe von Minoritäten[26] (vgl. Heinbokel, Hochbegabte 1988, S.48).
- Kinder mit ungeübten oder unzureichenden Sprachfertigkeiten sind in verbalen Intelligenztests benachteiligt (vgl. Lukesch, Einführung in die Pädagogische Psychologie 1995, S.316). Am deutlichsten wird dies, wenn ein zweisprachiges oder nicht deutsch sprechendes Kind mit einem Test für die deutschsprechende Bevölkerung getestet wird. Selbst wenn der Test gar keine verbalen Anteile enthält, kann das Kind benachteiligt sein, weil es die Anweisungen nicht versteht (vgl. Rost, Hochbegabung in der Kindheit 1989, S.30).
- Gemessen wird allein die kognitive Komponente und ein logisch-analytisches, konvergentes Denken, doch werden alle anderen Determinanten der Hochbegabung, wie z.B. Motivation und divergentes Denken übersehen (vgl. Rost, Begabung und Begabungsforschung 1988, S.47).
- Intelligenz ist eine durch Lern- und Entwicklungseinflüsse veränderbare Größe (vgl. Feger, Hochbegabung 1988, S.110).
- Die Intelligenztests berücksichtigen nicht die Denkprozesse, die zu einer Antwort führen. So können die Fragen unerwartete oder weitergehende Implikationen ent-

[26] Alanis Obomsawin, eine kanadische Indianerin, berichtete, daß noch in den 60er Jahren Indianerkinder, die nur indianische Dialekte sprachen, wegen ihrer Unkenntnis der englischen oder französischen Sprache als geistig behindert eingestuft und in entsprechende Schulen geschickt wurden. Anderen Indianerkindern wurden Testfragen wie die folgenden vorgelegt: "Was ist besser, ein Steinhaus oder ein Holzhaus?" oder "Zucker - süß / Zitrone - ?". Die Fragen waren an Kinder gerichtet, die die Winter in Holzhäusern und die Sommer in Zelten verbrachten und die im Leben noch keine Zitrone gesehen hatten (Heinbokel, Hochbegabte 1988, S.48). In diesem Fall wurden die Tests also weder sinnvoll eingesetzt noch vorsichtig interpretiert.

halten, an die die Entwickler überhaupt nicht gedacht haben (vgl. Bongartz / Kaißer / Kluge, Die verborgene Kraft 1985, S.115).

- Die getesteten Kinder können unter Testangst oder momentanen stimmungsmäßigen und gesundheitlichen Beeinträchtigungen leiden (vgl. Feger, Hochbegabung 1988, S.110).
- Ebenso mögen die durch die Testsituation entstehenden Störfaktoren (Lärm von außerhalb, ungünstige Testzeit etc.) Konzentration und Aufmerksamkeit beeinträchtigen (vgl. Spahn, Wenn die Schule versagt 1997, S.180).
- "Reaktive", in Tests gezeigte und "spontane", in alltäglichen Lebenssituationen dargebotene Intelligenzleistungen liefern unterschiedliche Beurteilungskriterien bei Hochbegabung (vgl. Spahn, Wenn die Schule versagt 1997, S.181).
- Der sogenannte "Deckeneffekt" impliziert eine Ungenauigkeit in den oberen Extrembereichen. Falls ein Kind alle Aufgaben eines Tests oder eines Teilbereiches richtig löst, sind seine Fähigkeiten mit diesem Test nicht mehr erfaßbar (vgl. Lukesch, Einführung in die Pädagogische Psychologie 1995, S.315). Das Problem kann bei Kindern dadurch gelöst werden, daß sie einen Test für eine höhere Altersstufe oder für Erwachsene bearbeiten (vgl. Wagner, Erkennung hoch begabter Kinder und Jugendlicher 1998, S.113).
- Ein weiterer Kritikpunkt ist die mögliche Beeinträchtigung der Meßergebnisse durch die Addition der Untertestwerte zu einem einzigen Punktwert, wodurch Teilleistungsstärken verdeckt werden (vgl. Winner, Hochbegabt 1998, S.103).
- Schließlich muß beachtet werden, daß Kinder in Gruppenintelligenztests weniger leistungsfähig sein können, als im Einzeltestverfahren (vgl. Heinbokel, Hochbegabte 1988, S.49).

Schulleistungstest

Schulleistungstests geben weniger genau Auskunft über die Fähigkeiten eines Kindes als Intelligenztests, denn sie messen, was das Kind von dem, was es bisher gelernt hat, innerhalb dieses engen Bereiches zum Ausdruck bringt (vgl. Webb / Meckstroth / Tolan, Hochbegabte Kinder 1985, S.56). Sie sind stärker abhängig von Faktoren wie vorangegangene Unterrichtsinhalte, Person des Lehrers, Motivation, Probleme im häuslichen Bereich, in der Schule usw. und können deshalb nur bedingt Aussagen über eine vorhandene Hochbegabung machen (vgl. Heinbokel, Hochbegabte 1988, S.51). Manchmal erreichen vor allem Kinder im Grundschulalter in Schulleistungstests aufgrund hoher Motivation hohe Punktzahlen. Diese hochgradige Entschlossenheit zur Leistung nennt man auch Overachievement[27]. Bei der Verwendung von Schulleistungstests muß jedoch ebenso in Betracht gezogen werden, daß viele hochbegabte Kinder nicht motiviert sind, ihre Fähigkeiten im standardisierten Rahmen von Schulleistungstests zu demonstrieren. Ihre kreativen Lösungsansätze oder der Umstand, daß diese Tests zu sehr auf verbale Geschicklichkeit und weniger auf andere Fertigkeiten abgestellt sind, könnten sie sogar behindern (vgl. Webb / Meckstroth / Tolan, Hochbegabte Kinder 1985, S.50).

In der Bundesrepublik spielen Schulleistungstests eine außerordentlich untergeordnete Rolle, in den USA werden sie sehr viel häufiger eingesetzt (vgl. Bongartz / Kaißer / Kluge, Die verborgene Kraft 1985, S.109). Der Aufwand der Konstruktion solcher Tests ist sehr groß. Häufig sind sie nicht einmal bundesweit anwendbar, weil sich die Curricula in den verschiedenen Bundesländern voneinander unterscheiden und die Gefahr besteht, daß ein solcher Test schnell veraltet (vgl. Feger, Hochbegabung 1988, S.111). In ihrer Konstruktion sind die Schulleistungstests zudem überhaupt nicht darauf ausgelegt, Hochbegabung zu erfassen (vgl. Geuß, Zur Problematik der Identifikation von Hochbegabung 1981, S.54). Schließlich darf nicht übersehen werden, daß diese Tests nur eine begrenzte Zahl von Einzelaufgaben bieten und wenn eines oder zwei dieser Items falsch beantwortet oder ausgelassen werden, kann sich das als eine Verschlechterung um fünf oder zehn Prozentpunkte niederschlagen (vgl. Webb / Meckstroth / Tolan, Hochbegabte Kinder 1985, S.50).

Kreativitätstest

Kreativitätstests beschränken sich auf die Erfassung des divergenten Denkens als einen Aspekt der Kreativität (vgl. Stamm, Hochbegabungsförderung in Deutschschweizer Volksschulen 1992, S.91). In der Bundesrepublik werden Kreativitätstests selten eingesetzt, da die bislang publizierten sich entweder als gar nicht oder nur un-

[27] Ein Overachiever (Überleister) ist ein Schüler, der bei mäßiger oder mittlerer Intelligenz gute bis sehr gute Schulleistungen erreicht (vgl. Rost, Identifizierung von "Hochbegabung" 1991, S.214-215).

genügend valide[28] erwiesen haben. Obwohl in diesen Tests nach ungewöhnlichen Lösungen, Antworten und Reaktionen gesucht wird, muß entschieden werden, ob einige Antworten nicht doch zu irrational und damit vollkommen sinnlos sind. Dies erschwert die Auswertung der Tests. Eine besonders kreative Versuchsperson kann deshalb negativ bewertet werden, weil ihre Kreativität das Verständnis des Auswerters übertrifft (vgl. Heinbokel, Hochbegabte 1988, S.51).
Hagen vertritt deswegen die Position, Kreativitätstests ausschließlich für Forschungszwecke, nicht aber zur Identifizierung von hochbegabten Individuen einzusetzen (vgl. Hagen, Die Identifizierung Hochbegabter 1989, S.43).

5.2.2 Informelle Verfahren

Lehrerurteil
Vom Lehrer wird aufgrund seiner vielfältigen Erfahrungen und der breiten Vergleichsbasis erwartet, daß er relativ gut die allgemeine Leistungsfähigkeit des Schülers beurteilen und über spezifische Fähigkeiten und Schwächen eines Kindes Auskunft geben kann, da er während der Schulzeit der intensivste Beobachter und Begleiter der kognitiven Entwicklung und der Persönlichkeitsentwicklung des Schülers ist (vgl. Rost, Identifizierung von "Hochbegabung" 1991, S.216). Doch existieren zahlreiche Untersuchungen über den Wert dieser Datenquelle, welche sehr widersprüchlich bewertet wird.

Die Terman-Studie zeigte, daß die Nominationen durch Lehrer keine guten Ergebnisse liefern: Lehrer benannten viele als hochbegabt, welche sich im nachhinein nicht als solche erwiesen und übersahen andere, welche tatsächlich hochbegabt waren (vgl. Urban, Hochbegabte Kinder, 1982, S.22). Stereotype und unzutreffende Vorstellungen über Hochbegabung, zu starke Orientierung an den Schulnoten und am Klassen- oder Schulstandard, Unterschätzung von Mädchen, von Kindern mit abweichendem ethnischen Hintergrund oder aus bildungsschwachen Elternhäusern sowie eine Mit-

[28] Die Validität betrifft das Ausmaß, in dem ein Instrument (z.B. der Kreativitätstest) auch tatsächlich das mißt, was es zu messen vorgibt (beim Kreativitätstest also kreatives Verhalten).

telschichtorientiertheit der Lehrer sind die häufigsten Fehlerquellen (vgl. Wagner, Erkennung hoch begabter Kinder und Jugendlicher 1998, S.117 und Bongartz / Kaißer / Kluge, Die verborgene Kraft 1985, S.89). Zu oft wird Fleiß zusammen mit der Fähigkeit und Bereitschaft, sich den Erwartungen des Lehrers anzupassen, mit einer besonderen intellektuellen Begabung verwechselt, und zu oft wird ein Mangel an diesen Eigenschaften auch als mangelnde Begabung interpretiert (vgl. Heinbokel, Hochbegabte 1988, S.52). Nach Torrance überschätzen Lehrer die Intelligenz von "zungenfertigen", folgsamen, ehrgeizigen, attraktiven Kindern und verwechseln Konformität mit Hochbegabung (vgl. Torrance, Hochbegabte Kinder identifizieren 1982, S.60). Auch Rost ist der Ansicht, daß Lehrer ihre Schüler eher nach den gezeigten Leistungen als nach dem, was ein Kind leisten könnte (Potential) beurteilen (vgl. Rost, Identifizierung von "Hochbegabung" 1991, S.216).

Nach Wild scheint das Lehrerurteil bei der Identifikation der intellektuellen Leistungen weder besonders schlecht noch besonders gut zu sein. Die Mehrzahl der Untersuchungsergebnisse der durch die Lehrerurteile erfaßten hochbegabten Schüler an der Gesamtzahl hochbegabter Schüler liegt in der Größenordnung von 20% bis 50% (vgl. Wild, Identifikation hochbegabter Schüler 1991, S.41, 45). Da Lehrer im Verlauf ihrer Ausbildung in der Regel nicht auf die Aufgabe, Hochbegabte zu identifizieren vorbereitet werden, läßt sich mit Hilfe von Fortbildungsmaßnahmen, Training und unter Einsatz von Checklisten die Treffsicherheit des Lehrerurteils steigern (vgl. Rost, Hochbegabung in der Kindheit 1989, S.58). Hany konnte mit speziellen Analysetechniken die Brauchbarkeit des Lehrerurteils für die Identifikation von Hochbegabten nachweisen (vgl. Hany, Sind Lehrkräfte bei der Identifikation hochbegabter Schüler doch besser als Tests? 1991, S.41-48). Folgende Ergebnisse konnte Hany feststellen (vgl. ebd. und Hany / Heller, Gegenwärtiger Stand der Hochbegabungsforschung 1991, S.244):

1. Lehrkräfte können unter Umständen die Intelligenz ihrer Schüler besser einschätzen, als dies durch intelligenznahe Tests möglich ist.
2. Lehrer können den Erfolg in einem Förderkurs für Hochbegabte außerordentlich gut vorhersagen, d.h. erfolgsrelevante Merkmale sicher einschätzen.

3. Lehrer können Schüler mit themenspezifischen Vorkenntnissen finden.
4. Lehrkräfte erkennen leistungsstarke und leistungsmotivierte Kinder und mehr multiple Talente als singuläre Talente.
5. Lehrer erkennen nur schulische Begabungen.

Schulnoten

Da praktisch jedes Kind in der Schule Zensuren erhält, liegt es nahe, die besten Noten in den Fächern, die die intellektuelle Leistungsfähigkeit des Kindes beanspruchen, als Hilfsmittel bei der Identifikation heranzuziehen. Allerdings geben die Noten keinen Aufschluß darüber, mit welchem Aufwand sie erzielt worden sind (vgl. Bundesministerium für Bildung und Wissenschaft, Begabte Kinder finden und fördern 1996, S.20). Gegen die Schulnoten werden darüber hinaus Einwände erhoben, die auf die geringe Validität und Reliabilität[29] hinweisen (vgl. Feger, Hochbegabung 1988, S.102). Abgesehen von den größeren oder geringeren Fähigkeiten des Lehrers, Leistungen zu beurteilen, hat ein Lehrer kaum eine andere Möglichkeit, als seine Schüler in Relation zu seinen eigenen Erwartungen, seinen Erfahrungen und den sichtbaren Leistungen der Schüler zu zensieren (vgl. Stamm, Hochbegabungsförderung in Deutschschweizer Volksschulen 1992, S.95). Spätestens seit den Untersuchungen von Ingenkamp (1971) ist bekannt, wie ungenau und sogar willkürlich die Zensurengebung ist.

Letztlich bleibt es fraglich, ob nicht in dem Kriterium "hoher Notendurchschnitt" kreative hochbegabte Kinder von ihren Lehrern übersehen werden, da Schulnoten vielmehr den aktuellen Stand des reproduzierten Wissens bei Schülern zum Ausdruck bringen (vgl. Bongartz / Kaißer / Kluge, Die verborgene Kraft 1985, S.106). Über die mögliche Leistungsfähigkeit sagen mittelmäßige bis schlechte Noten wenig aus (vgl. Heinbokel, Hochbegabte 1988, S.54).

[29]Die Reliabilität (auch Zuverlässigkeit) betrifft das Ausmaß, in dem ein Proband bei Meßwiederholung den gleichen relativen Testwert erreicht.

Elternurteil

Eltern stellen eine weitere Informationsquelle dar. Bereits in den ersten Lebensmonaten und –jahren kann sich Hochbegabung durch deutliche motorische Entwicklungsvorsprünge, durch ungewöhnlich frühes Interesse für Zahlen und Buchstaben, durch außergewöhnliche Wißbegier oder durch frühes Sprechenlernen bemerkbar machen (vgl. Wagner, Erkennung hoch begabter Kinder und Jugendlicher 1998, S.116). Eltern können ihre Kinder in einer größeren Vielfalt von Situationen beobachten als die Lehrer; sie können berichten, wie ein Kind seine Zeit außerhalb der Schule verbringt, welche speziellen Fähigkeiten oder Kompetenzen es hat, wieviel Zeit ein Kind für eine bestimmte Aktivität aufbringt, was es liest, wie es auf schwierige Aufgaben reagiert, worüber es redet und wie tiefgründig sein Wissen ist. Eltern sind zwar in der bestmöglichen Position zur Beobachtung des Alltagsverhaltens ihrer Kinder, aber sie sind nicht automatisch in der Lage, das von ihnen Beobachtete auch richtig zu interpretieren und zu beurteilen. In diesem Zusammenhang wird häufig die Verwendung von Checklisten empfohlen (vgl. Hany, Modelle und Strategien zur Identifikation hochbegabter Schüler 1987, S.136). Wie bei der Nomination durch Lehrer besteht auch bei Eltern die Gefahr, ihr Kind zu über- oder zu unterschätzen. Das kann seine Ursachen darin haben, daß den Eltern der Vergleich mit dem Entwicklungsstand von anderen, gleichaltrigen Kindern fehlt (vgl. Hagen, Die Identifizierung Hochbegabter 1989, S.33). Entgegen den allgemeinen Erwartungen neigen die Eltern von hochbegabten Kindern jedoch eher dazu, die Fähigkeiten ihrer Kinder zu unter- als zu überschätzen (vgl. Stamm, Hochbegabungsförderung in Deutschschweizer Volksschulen 1992, S.92). Die Identifizierung hochbegabter Schüler durch ihre Eltern ist gerade bei jüngeren Kindern, also auch in der Vor- und Grundschule von Bedeutung, da eine Selbstnomination der Kinder erst mit zunehmenden Alter in Frage kommt und die Lehrer spezielle intellektuelle Hochbegabungen aufgrund fehlender oder erst beginnender Fächerdifferenzierung noch nicht erkennen können (vgl. Fels, Identifizierung und Förderung Hochbegabter 1999, S.136).

Checklisten

Im Zusammenhang mit dem Lehrer- und dem Elternurteil wurden die Checklisten bereits erwähnt. Sie geben dem Beobachter eine Auflistung von operationalisierten Begabungsmerkmalen in Form von konkreten Verhaltensweisen Hochbegabter vor, deren Vorhandensein oder Abwesenheit bei dem in Frage kommenden Kind mit "ja" oder "nein", also bipolar, zu beantworten sind (vgl. Heller, Psychologische Probleme der Hochbegabungsforschung 1986, S.348). Nach der Anzahl der mit "ja" beantworteten Fragen erfolgt in der Auswertung dann eine Einschätzung des Kindes in "hochbegabt" oder "nicht hochbegabt". Als Beispiele für Checklisten können die Auflistungen aus Kapitel 4.1 über Schülermerkmale des Lernens und Denkens, der Arbeitshaltung, Interessen und des sozialen Verhaltens angeführt werden. An dieser Stelle ist darauf hinzuweisen, daß die Bezeichnung "Checkliste" nicht dahingehend mißverstanden werden sollte, daß Kinder sozusagen "wie Maschinen zur Funktionskontrolle" Punkt für Punkt durchgecheckt werden. Um solchen Mißdeutungen vorzubeugen ist es ratsam, anstelle von Checklisten besser von Beobachtungsbögen zu sprechen, die die Funktion eines lediglich pädagogischen Hilfsmittels erhalten, welches Informationen und konkrete Beschreibungen von Verhaltensweisen und Lehr- und Lernsituationen erfassen soll (vgl. Stamm, Hochbegabungsförderung in Deutschschweizer Volksschulen 1992, S.93). Die meisten Checklisten werden von den Kritikern weder als reliabel noch als valide bewertet. Demnach sind sie nicht systematisch aufgebaut, in ihrer Zusammenstellung beliebig und erfassen nur die schulisch Erfolgreichen (vgl. Werder, Wie begabt sind Hochbegabte? 1997, S.33). Doch vor allem im Vorschulalter und in der ersten Schulzeit, wenn es um eine Frühidentifikation geht, können Beobachtungsbögen helfen, das Kind in seiner Eigenart besser zu verstehen und für seine Verhaltensweisen sensibilisiert zu werden (vgl. Bongartz / Kaißer / Kluge, Die verborgene Kraft 1985, S.85-86). Da es sich bei Hochbegabung um ein Cluster mehr oder weniger deutlich ausgeprägter Merkmale handelt, kann aber keine Liste so genau sein, daß sie jedes hochbegabte Kind identifiziert, es sei denn, man würde zunehmend mehr Merkmale in sie aufnehmen, bis sie schließlich alle Kinder einer Klasse nominieren würden (vgl. Fels, Identifizierung und Förderung Hochbegabter 1999, S.142).

Selbstnomination

Die Verwendung von Selbstnominationen zur Identifikation von hochbegabten Schülern setzt nicht nur voraus, daß hochbegabte Schüler ein zutreffendes, d.h. extrem positives Bild der eigenen intellektuellen Leistungsfähigkeit aufweisen, sondern daß umgekehrt auch die weniger begabten Schüler in ausreichendem Maße zu zurückhaltenden Selbsteinschätzungen kommen (vgl. Wild, Identifikation hochbegabter Schüler 1991, S.53). Je älter der Schüler ist, desto sinnvoller ist es, ihn als Informationsquelle miteinzubeziehen (vgl. Hagen, Die Identifizierung Hochbegabter 1989, S.34). Nach Meinung von Wild liegt die Altersschwelle, unterhalb derer keine signifikante Beziehung zwischen der Selbsteinschätzung der Intelligenz und der gemessenen Testintelligenz besteht, bei der Altersgruppe der Dritt- und Viertklässler (vgl. Wild, Identifikation hochbegabter Schüler 1991, S.55).

Vor allem dann, wenn die Selbstnomination nicht unbedingt Vorteile, sondern mit Arbeit und persönlichem Einsatz verbunden ist, sollte dieses Vorgehen als eine Möglichkeit der Identifikation berücksichtigt werden (vgl. Feger, Hochbegabung 1988, S.107). Durch die Selbstnomination lassen sich auch oftmals hochbegabte Kinder finden, bei denen man ein derartiges Begabungsniveau nicht erwartet hätte. So berichtete Hans Jellen auf einer Arbeitstagung zum Thema Hochbegabung über folgendes überraschendes Ergebnis:

> Eine der Anmeldungen für ein Projekt in Virginia, für das die Kinder sich selbst nennen konnten, kam aus einem Heim für geistig Behinderte. Erst waren sich die Wissenschaftler nicht darüber klar, ob sie die Anmeldung ernst nehmen sollten, nahmen dann aber doch Kontakt zu dem Absender des Briefes auf. Es handelte sich um einen etwa 14 Jahre alten Jungen, der seit einigen Jahren in dem Heim lebte und tatsächlich hochbegabt war. Im Heim war darüber nichts bekannt. Der Junge sagte, das Heim habe eine ziemlich große Bücherei, und da er als verrückt gelte, könne er lesen was und so lange er wollte. Der Junge konnte wegen Verhaltensstörungen nicht in das Projekt mit aufgenommen werden, erhielt aber eine Einzeltherapie (Heinbokel, Hochbegabte 1988, S.54).

Andererseits wird dieses Verfahren scheue und zurückhaltende Schüler ebenso wenig erfassen, wie jene, die sich ihrer Begabungen noch nicht bewußt sind. Da die Selbstnomination die Möglichkeit bietet, hochbegabte Underachiever zu erfassen, sollte Schülern grundsätzlich die Gelegenheit gegeben werden, sich selbst - unabhängig von Lehrern und Eltern, die an sie nur geringe Erwartungen haben – einzuschätzen (vgl. Fels, Identifizierung und Förderung Hochbegabter 1999, S.138).

Nomination durch Peers

Die gegenseitige Einschätzung von Schülern ist eine weitere Möglichkeit der Identifizierung Hochbegabter. Da Kinder sich nicht nur in der Schule, sondern auch in verschiedenen anderen Situationen, wie z.B. in der gemeinsam verbrachten Freizeit, auf Klassenfahrten etc. erfahren und erleben, verfügen sie im Vergleich zu Erwachsenen (Eltern, Lehrern) über ein erheblich erweitertes Beobachtungsspektrum. Hagen ist der Ansicht, daß Peers nur bei älteren Kindern – wahrscheinlich erst bei neun- oder über zehnjährigen – als Informationsquelle eingesetzt werden sollten, da sehr junge Kinder die Aufgabe, ihre Klassenkameraden einzuschätzen, oft noch nicht bewältigen können und überfordert sind (vgl. Hagen, Die Identifizierung Hochbegabter 1989, S.34). Zudem scheinen jüngere Kinder unkritisch zu sein und nominieren häufig Kinder des gleichen Geschlechts, auch wenn andersgeschlechtliche bessere Leistungen zeigen (vgl. Stamm, Hochbegabungsförderung in Deutschschweizer Volksschulen 1992, S.95). Geuß kommt zum Schluß, daß das Kollektiv einer Klasse durch seine Voreingenommenheit gegen Einzelne oder "Streber" und den Ausschluß von Außenseitern, die ein nicht altersgemäßes Verhalten zeigen, die Chancen vieler verringert (vgl. Geuß, Zur Problematik der Identifikation von Hochbegabung 1981, S.54). Hagen betont, daß die allgemeine Leistungsfähigkeit eines Kindes von seinen Peers immer anhand vergangener Leistungen (z.B. Zeugnis) eingeschätzt wird und somit wenig Zusatzinformationen liefert (vgl. Hagen, Die Identifizierung Hochbegabter 1989, S.34-35). Peers können allerdings eine gute Informationsquelle sein, wenn es sich um die Beurteilung von Führungs- und Organisationstalenten, von Fähigkeiten, die man beim Lösen von praktischen Problemen braucht, sowie um spezielle Talente handelt, die beispielsweise in der Musik oder um Geschichten zu erzählen erforderlich sind. Sie sind hingegen keine besonders zuverlässige Informationsquelle, wenn sie die intellektuellen Fähigkeiten oder die Problemlösefähigkeiten ihrer Mitschüler beurteilen sollen (vgl. ebd.). Nach Meinung von Heinbokel sollten die Fragen, die an die Peers gerichtet sind, nicht direkt, sondern indirekt erfolgen. Davis und Rimm schlagen beispielsweise folgende Fragen an Peers vor:

- Wer könnte Außerirdischen am meisten über die verschiedensten Dinge auf der Erde erzählen?
- Wenn keine Schulpflicht bestünde, wer könnte Dich überreden, doch zur Schule zu kommen?
- Wer könnte etwas Einmaliges erfinden, entwickeln oder machen?

(Davis und Rimm; zit. n. Fels, Identifizierung und Förderung Hochbegabter 1999, S.141).

Wettbewerbe

Wettbewerbe finden in großer Zahl auf regionaler, nationaler und internationaler Ebene statt (vgl. Kultusministerkonferenz, Gemeinsame Erklärung der Länder und des Bundes zur Förderung bundesweiter Wettbewerbe im Bildungswesen 1984, S.2), doch berühren diese nur in einem geringen Umfang den Bereich der Grundschule. Es lassen sich zwei Formen von Wettbewerben unterscheiden (vgl. Feger, Hochbegabung 1988, S.105). Zum einen solche, bei denen ein selbstgewähltes Thema aus einer vorgegebenen Disziplin allein oder in Gruppen ohne zeitliche Begrenzung in Form von Hausarbeiten oder Forschungsarbeiten bearbeitet wird und zum anderen jene Wettbewerbe, deren Themen vorgegeben und als Klausurwettbewerbe unter Aufsicht durchgeführt werden. Die Teilnehmer beider Wettbewerbsformen müssen ein ausgeprägtes Selbstkonzept, ein Selbstbewußtsein gegenüber traditionellen Rollenvorstellungen (Mädchen und Naturwissenschaften) und eine hohe Motivation besitzen. Für die erste Form des Wettbewerbes ist noch eine hohe Arbeitsmotivation erforderlich (vgl. Stamm, Hochbegabungsförderung in Deutschschweizer Volksschulen 1992, S.95). Mit großer Wahrscheinlichkeit kann aufgrund dieser Voraussetzungen und der relativ großen Vergleichsbasis davon ausgegangen werden, daß die Gewinner besonders begabt sind (vgl. Heinbokel, Hochbegabte 1988, S.55). Jedoch ist die Anzahl der Sieger im Verhältnis zur Anzahl der Teilnehmenden zu gering, weshalb nicht nur die Gewinnenden, sondern alle Teilnehmer, die Begabung durch die Teilnahme gezeigt haben, weiter gefördert werden sollten. Insgesamt gesehen ist die Zahl der Teilnehmer und der Sieger dennoch zu klein, als daß diese Wettbewerbe als Mittel der Identifikation dienen könnten (vgl. ebd.). Außerdem darf die Umweltkomponente nicht unterschätzt werden. Zu den Umweltfaktoren dürfte die Motivation der Schüler durch ihre Lehrkräfte, die Ausstattung der Schule, die Schulart und schließlich eine positive Einstellung der Eltern zum Wettbewerb zählen (vgl. Feger, Hochbegabung 1988, S.105-106). Dementsprechend sollte die Nichtteilnahme sich keinesfalls negativ auf die Beurteilung eines Schülers auswirken.

5.3 Anwendung und Zeitpunkt der Identifikation von Hochbegabten

Da keines der beschriebenen Verfahren optimal ist, darf ein Kind mit keinem als alleinige Datenquelle benutzten Verfahren als hochbegabt identifiziert werden. Eine ausgewogene Kombination formeller und informeller Verfahren unter Berücksichtigung unterschiedlicher Informationsquellen sind für zufriedenstellende Identifikationsprozesse notwendig. Denn durch ein einziges Verfahren lassen sich keine umfassenden Informationen gewinnen, die den vielfältigen Ausprägungen von Hochbegabung gerecht werden. Erst die Kombination der Ergebnisse aus verschiedenen Erfassungsmethoden verringert ihre Irrtumswahrscheinlichkeit (vgl. Bongartz / Kaißer / Kluge, Die verborgene Kraft 1985, S.79). Die Handhabung der Datenkombination und Datengewichtung scheint jedoch angesichts der vielen Identifikationsverfahren unklar zu sein (vgl. Stamm, Hochbegabungsförderung in Deutschschweizer Volksschulen 1992, S.96).

Für eine frühzeitige Hochbegabtenidentifikation sprechen sich praktisch alle Fachvertreter der Hochbegabtenforschung aus (vgl. Wagner, Erkennung hoch begabter Kinder und Jugendlicher 1998, S.123 und Urban, Begabungsförderung im Vorschulalter 1992, S.159). Frühzeitige Identifikation soll eine begabungsangemessene Erziehung und Förderung so früh wie möglich gewährleisten, um negative Auswirkungen von unangemessener Förderung, insbesondere von Unterforderung oder Vernachlässigung zu vermeiden (vgl. Urban, Begabungsförderung im Vorschulalter 1992, S.159). Demzufolge sprechen Überlegungen, die auf eine Optimierung individueller Entwicklungs- und Sozialisationschancen, insbesondere im Hinblick auf die Ermöglichung angemessener Lernumwelten abzielen, für eine frühzeitige Identifikation (vgl. Heller, Hochbegabung im Kindes- und Jugendalter 1992, S.31).

Gegen eine frühe Identifikation wird sich vor allem wegen befürchteter negativer Etikettierungseffekte ausgesprochen (vgl. Stamm, Hochbegabungsförderung in Deutschschweizer Volksschulen 1992, S.96). Mit dem Etikettierungsproblem werden gewöhnlich folgende Gefahren assoziiert (vgl. Heller, Möglichkeiten und Grenzen der Diagnostik von Hochbegabung 1987, S.110): soziale Isolierung, Ausbildung egozentrischer Einstellungen und Haltungen, Gefährdung oder Störung der Persönlichkeitsentwicklung und des Selbstkonzeptes durch überhöhten Erwartungsdruck bzw. aufgebürdete Verantwortungen usw. Nach Heller müssen diese Gefahren zwar bedacht werden, doch sollte man sich die Versäumnisse und ihre Folgen vergegenwärtigen, die beim Ausbleiben von Identifikationsbemühungen zu erwarten sind. Demnach spricht alles für die Anstrengung, Hochbegabte möglichst früh und umfassend zu identifizieren, um gegebenenfalls Hilfen für deren Erziehung und Ausbildung bereitzustellen.

5.4 Kritische Zusammenfassung und Konsequenzen für die Schulpraxis

Eine kritische Auseinandersetzung mit dem Instrumentarium der Identifikation von Hochbegabung sollte neben den Schwierigkeiten, welche sich bei der Entdeckung von besonderen Begabungen ergeben, auf die zahlreichen Möglichkeiten zur Identifikation von hochbegabten Kindern hinweisen und auf die Notwendigkeit einer frühen Identifikation aufmerksam machen.

Für den Lehrer müssen die Identifizierungsstrategien im Rahmen seines Hauptbetätigungsfeldes, nämlich des Unterrichts, realisierbar sein. "Weder von seiner Profession noch von seiner Kompetenz her kann erwartet werden, daß er differenzierte Psychodiagnostik im strengen Sinn betreiben kann und soll" (Jurack, Stand und Perspektiven der psychologischen Begabungsforschung 1992, S.117). Der Lehrer kann beispielsweise auf Checklisten (bzw. Beobachtungsbögen) zurückgreifen, sich Zusatzinformationen aus dem nicht-schulischen Bereich verschaffen und die Lernumwelt analysieren. Der Hauptzugang zum Identifizierungsproblem wird in einer niveaudifferenzierenden Zuweisung von curriculumbezogenen Aufgaben liegen. Die differenzierte Aufgabenzuweisung und Aufgabenbewältigung ist zugleich Voraussetzung und Ergebnis der individuellen Schülerbeurteilung durch den Pädagogen.

Bei der Beurteilung des aktuellen Begabungsstandes ergeben sich für den Lehrer folgende Schwierigkeiten:

- Leistungsentwicklungen werden durch viele Faktoren der Person und der Umwelt beeinflußt und lassen sich nur mit erheblicher Unsicherheit voraussagen[30]. Die Entwicklung der Leistungseigenschaften vollzieht sich in Abhängigkeit von den Anforderungen, den Lehr- und Lernmethoden sowie den Sozialbeziehungen. Die Unsicherheit dieser Prognose ist um so größer, je jünger der Schüler ist, da die Leistungseigenschaften sich in der Grundschule erst auszuformen beginnen. Ebenso muß die Entwicklungsdynamik der Kinder im Schulalter berücksichtigt werden, denn es gibt nicht nur Kontinuität, sondern auch Diskontinuität, nicht nur progressive, sondern auch stagnative und regressive Phasen (vgl. Drewelow, Schulische Begabungsförderung und ihre Grenzen 1992, S.146).

- Spezialbegabungen können unterschätzt werden, wenn der Lehrer versucht, ein in sich stimmiges Gesamturteil über den Schüler zu bekommen, und deshalb Abweichungen von diesem Gesamtbild vernachlässigt (vgl. Akademie für Lehrerfortbildung Dillingen, Besonders begabt – Besonders begabt 1994, S.78).

- Das Erkennen der Entwicklungsmöglichkeiten bei Underachievern, bei denen die hohe Begabung nicht durch gute Noten signalisiert wird, stellt hohe Ansprüche an den Lehrer, wie auch die zutreffende Beurteilung von äußerst kreativen Kindern.

[30] Die Unsicherheit dieser Prognosen zeigt das Schicksal von zwei Kindern, die in der großangelegten Terman-Studie als nicht hochbegabt eingestuft worden waren: "Der ... Physiker Luis Walter Alvarez entdeckte eine große Zahl neuer Elementarteilchen. ...William Shockley erfand mit zwei Kollegen den Transistor. Beide haben in ihrer Jugend auch an Termans IQ-Tests teilgenommen. Sie erzielten nicht genug Punkte, um in die Hochbegabtengruppe aufgenommen zu werden. Trotzdem haben sie etwas erreicht, was keines der ... anderen ... geschafft hat: Beide wurden mit dem Nobelpreis ausgezeichnet." (Süddeutsche Zeitung; zit. n. Akademie für Lehrerfortbildung Dillingen, Besonders begabt - Besonders begabt 1994, S.77).

Ihr Denken auf Umwegen, ihre geringe Bereitschaft, vorgegebene Lösungsstrategien zu übernehmen, wird nicht immer von den Lehrern auch mit guten Noten bewertet (vgl. ebd.).

- Eine andere Gruppe von Hochbegabten, die vermutlich nicht immer als solche erkannt wird, sind Mädchen mit einer mathematisch-naturwissenschaftlichen Hochbegabung. Feger nennt darüber hinaus Faktoren, die bei der Zugehörigkeit zu betreffenden Gruppen für ein im Durchschnitt erhöhtes Risiko der Benachteiligung im Identifikationsprozeß verantwortlich sein können. Im Rahmen dieser Arbeit werden diese nur kurz genannt: geographisch-ökologische Faktoren, ethnische Faktoren, ökonomische Faktoren, "culturally deprived / culturally different", Faktoren der Behinderung bzw. Krankheit, Faktoren der Eltern-Kind-Beziehung und Faktoren der aktiven Mißachtung von Normen[31] (vgl. Feger, Hochbegabung 1988, S.157-158).

Aus diesen Schwierigkeiten ergeben sich folgende Schlußfolgerungen für die pädagogische Arbeit in der Grundschule:

- In der Grundschule begegnen die hochbegabten Kinder den Lehrern in der Regel in einer Entwicklungsphase, in der die individuellen Leistungsmöglichkeiten eher ansatzweise, auf keinen Fall aber eindeutig erkennbar sind. Deswegen muß allen Anzeichen von Begabungen nachgegangen werden und sich demnach das Urteil über den Schüler auf viele Informationen stützen (vgl. Akademie für Lehrerfortbildung Dillingen, Besonders begabt – Besonders begabt 1994, S.78-79).

- Eine erfolgte Identifikation sollte immer wieder überprüft werden, um am erreichten Lernzuwachs die individuellen Leistungsmöglichkeiten abschätzen und Fehlurteile korrigieren zu können. Die Identifikation sollte kontinuierlich sein, um jedem Individuum die Chance zur Entfaltung seiner Potentiale zu geben. Denn nicht jede Hochbegabung ist früh erkennbar (vgl. Wagner, Erkennung hoch begabter Kinder und Jugendlicher 1998, S.123).

---

[31] Eine ausführliche Darstellung insbesondere auch über hochbegabte Mädchen findet sich bei Feger, Hochbegabung 1988, S.157-167.

- Das Wissen um hochbegabungsrelevante Verhaltensweisen, die Wertschätzung und das Interesse an hochbegabten Kindern und ihren besonderen Fähigkeiten sowie eine positive Bereitschaft von Lehrern, hochbegabten Kindern angemessene Erziehungs- und Entwicklungshilfen zuteil werden zu lassen, dürften förderliche – vielfach sogar unentbehrliche – Voraussetzungen für einen erfolgreichen Identifikationsprozeß bieten (vgl. Pinnow, "Schüler-Uni" 1989, S.16 und Heller, Möglichkeiten und Grenzen der Diagnostik von Hochbegabung 1987, S.116).

- In bezug auf die Identifizierung von hochbegabten Schülern sollte man sich stets vergegenwärtigen, daß es nicht darum gehen kann, einer Gruppe von Kindern ein neues Etikett, "einen Stempel", aufzudrücken, sondern daß es um die Feststellung individueller Lernbedürfnisse und –möglichkeiten geht, die die Grundlage für eine differenzierende Förderung darstellen sollen. So sollte auch die Identifikation von Hochbegabung nie in dem Sinne gebraucht werden, daß dem betroffenen Kind von vornherein Überlegenheit attestiert wird. Vielmehr ist sie als Hinweis auf eine besondere Entwicklungschance zu begreifen, deren Nutzung vor allem von den Anstrengungen des Kindes selbst abhängt. Und sie ist zugleich eine Aufforderung an die Schule und die Eltern, die Realisierung der aufgezeigten Möglichkeiten durch die jeweils angemessenen Erziehungs- und Bildungsbedingungen zu unterstützen (vgl. Hany / Schaarschmidt, Begabte Kinder – eine gleichzeitige Herausforderung für die wissenschaftliche und pädagogische Arbeit 1997, S.313).

Durch das Überwiegen des produktgeleiteten Ansatzes (wie z.B. Zensuren und Wettbewerbe) in der Identifikationspraxis (vgl. Feger, Hochbegabung 1988, S.116) wird der bereits erbrachten Leistung vielfach Bedeutung beigemessen. Die testbestimmte Erfassung soll hingegen Auskünfte über latent vorhandene Fähigkeiten liefern, die auf herkömmliche Weise noch nicht festgestellt worden sind. Aber alle diese Verfahren fassen Hochbegabung als statisches Gefüge auf und messen den Umwelteinflüssen und dem dynamischen Verständnis von Begabung mit entwicklungspsychologischer Perspektive wenig Bedeutung bei. Daher sind Interdependenzen zwischen Identifikation und Förderung im Sinne der Schaffung optimaler Lernumwelten nötig, welche Voraussetzungen für motiviertes, bewußtes und gezieltes Lernen bilden können. Erst wenn das hochbegabte Kind die Möglichkeit hat, sich aktiv mit Material und Situationen auseinanderzusetzen, kann es Kompetenz von sich aus zeigen. Daher sind Lerngelegenheiten erforderlich, welche Angebote auf hohem Niveau präsentieren, um die Chancen zur Identifikation deutlich zu steigern. Wenn die Kinder Lerngelegenheiten bekommen, welchen Begabungsentwicklung als interaktiver Prozeß zugrunde liegt, wenn aktives Handeln Neugier und Interessen wecken und Impulse aus dem sozialen Umfeld Auseinandersetzungen und Anregungen ermöglichen, dann können traditionelle Identifikationsverfahren dadurch erweitert werden, daß Schüler begabtes Verhalten zeigen dürfen und sich so selber nominieren können. In diesem Kontext bemerkt Rost:

> Die bestehenden Lehrpläne müßten folglich dahingehend reformiert werden, daß die Begabungen von selbst evident werden können. In einer Welt, sie muß nicht ideal sein, sondern nur gerechter, demokratischer und menschlicher, wäre es nicht notwendig, pädagogische Diagnostik als einen eigenständigen Vorgang einzurichten. Denn gäbe es eine den Fähigkeiten des Individuums angepaßte Bildung, so würde sich Diagnostik erübrigen (Rost, Begabung und Begabungsförderung 1988, S.56).

6 Förderung hochbegabter Schüler in der Grundschule

Zu Beginn möchte ich über die Erfahrungen eines Jungen mit seiner Schule berichten. Dieser Junge hat betont, daß es ihm in der Schule von Anfang an nicht gefallen hat. Er sei immer der Letzte der Klasse gewesen, er habe das Gefühl gehabt, daß der Lehrer ihn nicht gemocht und sein Vater ihn für dumm gehalten habe. Als ihn dann gar der Lehrer vor der ganzen Klasse einen "Hohlkopf" genannt habe, habe ihn dies so sehr getroffen, daß er umgehend den Unterrichtsraum verließ, nach Hause rannte und seine Mutter über seinen Entschluß informierte, nie wieder zur Schule zu gehen.

Der Junge hat Wort gehalten, er hat danach keine "normale" Schule besucht, statt dessen unterrichtete ihn seine Mutter. Darüber hat er später gemeint: "Meine Mutter hat mich zu dem gemacht, was ich bin. Sie verstand mich, sie ließ mich meinen Neigungen nachgehen." Die Mutter hat dem Jungen Lesen, Schreiben, Rechnen beigebracht, vor allem aber die Liebe zum Lesen und zum Lernen vermittelt. Im Keller des elterlichen Hauses richtete der Junge sich ein Labor ein. Die Tätigkeit in seinem Labor zog er dem Spielen mit anderen Kindern vor. Der Junge, der seiner Mutter so viel verdankte und der so glücklich und zufrieden – bei seinen manchmal so wenig "kindgemäßen" Beschäftigungen – aufwuchs, war Thomas Alva Edison[32]. (Die vorangegangene Darstellung erfolgte in Anlehnung an Feger, Bedürfnisse, Wünsche und Hoffnungen besonders begabter Kinder – Erkenntnisse aus den Beratungsstellen 1991, S.13-14.)

Beim Lesen dieser Biographie, drängt sich die Frage auf, wie es Thomas Alva Edison heute, in einer Zeit, in der das Bildungssystem vereinheitlicht ist, ergehen würde. Einem noch so nachdrücklichen Entschluß, die Schule nicht mehr zu besuchen, würde aufgrund der Schulpflicht keine Bedeutung zukommen. Die Schulpflicht zwingt jedes Kind, seine Lern- und Entwicklungsjahre in vorgegebener Struktur zu verbringen; Eltern und Kinder haben kaum Möglichkeiten Alternativen zu wählen, auch wenn die

[32] Thomas Alva Edison (1847-1931), amerikanischer Erfinder, entwickelte u.a. die elektrische Glühlampe, ein elektrisches Kraftwerkssystem, ein Tonaufnahmegerät und einen Filmprojektor und übte damit nachhaltigen Einfluß auf die moderne Gesellschaft aus (vgl. Microsoft Encarta Enzyklopädie Plus 99 CD-ROM, Stichwortverzeichnis).

Entwicklung des Kindes durch die Schule Schaden nimmt. Würde der Junge dann zum Ausgleich von seinen Eltern ein Labor eingerichtet bekommen, würde möglicherweise den Eltern der Vorwurf gemacht werden, sie wollten dem Kind ihr eigenes Leistungsdenken aufzwingen. Würde dann der kleine Thomas Alva unserer Tage tatsächlich die Arbeit in seinem Labor und die Beschäftigung mit Büchern dem Spielen mit anderen Kindern vorziehen, dann kann man mit ziemlicher Sicherheit davon ausgehen, daß in der Umwelt des Jungen weitgehend Einigkeit darüber bestehen würde, der Junge sei sozial isoliert, sein Verhalten nicht normal.

6.1 Rechtliche und organisatorische Rahmenbedingungen

Als "pädagogische Verpflichtung" läßt sich die Förderung von Hochbegabten aus Artikel 2, Absatz 1 (Persönlichkeitsentfaltung) und Artikel 7, Absatz 1 (Staatliche Schulaufsicht) des Grundgesetzes herleiten, da nach diesen Artikeln jeder Bürger das Recht auf die freie Entfaltung seiner Persönlichkeit auch im Rahmen der staatlichen Schulpflicht besitzt (vgl. Bongartz / Kaißer / Kluge, Die verborgene Kraft 1985, S.65). Unterwirft der Staat einerseits Kinder der staatlichen Schulpflicht, weil er ein unmittelbares Interesse an der Bildung seiner Bürger besitzt, so steht den Betroffenen im Gegenzug ihrerseits der Anspruch zu, eine schulische Ausbildung zu erhalten, die ihren Fähigkeiten nicht nur weitestgehend entspricht, sondern ihnen auch hilft, diese auch auf hohem Niveau weiter zu entwickeln (vgl. Fels, Identifizierung und Förderung Hochbegabter 1999, S.93).

Möglicherweise ließe sich ein "Abwehrrecht" aus Artikel 2, Absatz 1 ableiten, falls sich die Vermutung von Stapf und Stapf beweisen ließe, daß Hochbegabte durch die gleichzeitige Unterrichtung mit durchschnittlich Begabten und die Ausrichtung des Unterrichtsniveaus an deren Leistungsfähigkeit erheblich in ihrer Persönlichkeitsentfaltung gehemmt würden. In diesem Kontext führen Stapf und Stapf die intellektuell fördernden Effekte der Schule bei unterprivilegierten Kindern aus kulturvergleichenden entwicklungspsychologischen Studien an. Demgegenüber werden bei Hochbegabten eher intellektuell und motivational hemmende Auswirkungen im Sinne einer

Nivellierung und Anpassung an den Durchschnitt vermutet (vgl. Stapf / Stapf, Berichte aus dem psychologischen Institut der Universität Tübingen 1986, S.7).

Zwar kennt das Grundgesetz kein Grundrecht auf Bildung im Sinne eines Individualanspruches gegen den Staat, doch wenn wir zunehmend im multinationalen und im europäischen Rahmen denken, dann dürfte für die vorliegende Arbeit auch ein europäisches Dokument von Interesse sein, das einige Grundsätze zur Erziehung und Förderung formuliert, die in den Staaten des Europarates berücksichtigt werden sollen. Aus Punkt 2 und 3 der Empfehlung 1248 des Europarates zur Erziehung hochbegabter Kinder (angenommen von der Parlamentarischen Versammlung des Europarates am 7.10.1994) folgt, daß das Erziehungssystem so gestaltet sein muß, daß für Kinder mit besonderen Bedürfnissen spezielle Vorkehrungen getroffen werden müssen. Demzufolge sollen hochbegabte Kinder "von angemessenen erzieherischen Bedingungen profitieren können, die es ihnen erlauben, ihre Möglichkeiten voll zu entwickeln ..." (Empfehlung 1248 des Europarates zur Erziehung hochbegabter Kinder 1994, S.12).

Während die bisherigen Ausführungen eher grundsätzlicher Art waren, beziehen sich die folgenden explizit auf die pädagogische Arbeit in der Grundschule, insbesondere auf das Bundesland Niedersachsen. Die Grundschule hat die Aufgabe, den im Niedersächsischen Schulgesetz festgelegten Bildungsauftrag (§ 2) in einer dieser Schulform angemessenen Weise zu erfüllen (vgl. Schulverwaltungsblatt für Niedersachsen, Die Arbeit in der Grundschule 1981, S.113). Als erste und zugleich gemeinsame Schule für alle Kinder hat sie ihre Aufgabe nicht primär von denen der folgenden Schulbereiche und Schulformen abzuleiten, sondern an den gegenwärtigen Lern- und Verhaltensmöglichkeiten, Handlungs- und Erkenntnisinteressen sowie Bedürfnissen der Kinder zu orientieren (vgl. Pokall, Förderung besonderer Begabungen im allgemeinbildenden Schulwesen 1987, S.29). Sie "vermittelt ihren Schülern Grundkenntnisse und Grundfertigkeiten und entwickelt die verschiedenen Fähigkeiten in einem für alle Schüler gemeinsamen Bildungsgang" (Schulverwaltungsblatt für Niedersachsen, Die Arbeit in der Grundschule 1981, S.113). Die Grundschule hat die grundlegende Bildung immer als ihren spezifischen Auftrag im Bildungsganzen des Schulwesens gesehen und sich der Förderung benachteiligter und lernschwacher Kinder im besonderen Maße verpflichtet gefühlt (vgl. Pokall, Förderung besonderer Begabungen im allgemeinbildenden Schulwesen 1987, S.29). Unerläßlich sind aber auch angemessene Angebote für Schüler mit besonderen Begabungen. Erst dann kann die Grundschule ihrem Bildungsauftrag gerecht werden, alle Schüler entsprechend ihren Fähigkeiten zu fördern (vgl. Meyenberg, Schule und Recht in Niedersachsen 1996, S.9).

In einer Grundsatzposition der Länder zur Begabungsförderung stimmen die Kultusminister und –senatoren der Länder auf der Grundlage eines Beschlusses der Kultusministerkonferenz am 11.10.1991 in nachfolgender Auffassung überein:

> ... es [ist] Aufgabe des Schulwesens ..., allen ... Schülern eine ihren Fähigkeiten entsprechende Bildung zu vermitteln. Grundlage ist der in den Verfassungen und / oder in den Schulgesetzen der Länder festgelegte Auftrag an die Schule, jeden jungen Menschen gemäß seiner individuellen Begabung und seinen Neigungen zu fördern (Grundsatzposition der Länder zur Begabungsförderung gem. Beschluß der Kultusministerkonferenz vom 11.10.1991).

Die Grundschule muß "ein Begabungsspektrum, eine Vielfalt des Lern- und Sozialverhaltens pädagogisch meistern ... wie keine ihr folgende Schulform" (Blume, Die Arbeit in der Grundschule 1981, S.19). Um so mehr muß der Lehrer die individuellen Fähigkeiten der Schüler berücksichtigen, an die unterschiedlichen Lern- und Entwicklungsstände der Schüler anknüpfen und versuchen, die unterschiedlichen Ausgangssituationen des einzelnen Schülers zu berücksichtigen und Anforderungen und Hilfen entsprechend auf ihn auszurichten (vgl. Schulverwaltungsblatt für Niedersachsen, Die Arbeit in der Grundschule 1981, S.113 u. S.115). Der Erlaß über die Arbeit in der Grundschule führt aus, daß Unterschiede im Sozial-, Lern- und Arbeitsverhalten der einzelnen Schüler frühzeitig erkannt und zum Ausgangspunkt eines differenzierten Lernangebotes und differenzierender Lernanforderungen gemacht werden müssen (vgl. ebd., S.118). Ergänzende Fördermaßnahmen können sich als notwendig erweisen, "wenn die Unterschiede in der Lern- und Leistungsfähigkeit der Schüler durch Maßnahmen innerer Differenzierung nicht ausreichend ausgeglichen werden können ..." (ebd., S.118). Wenn dies auch eher für lernschwache Schüler gilt, so sind jedoch alle Differenzierungsmaßnahmen auch schon "im Sinne von Fördern und Fordern zu verstehen" (ebd.). Der Erlaß über die Arbeit in der Grundschule ergänzt sogar:

> ... Darüber hinaus ist für die Schüler mit größerer Lernfähigkeit das Grundangebot zu vertiefen und zu ergänzen, damit sie angemessen gefordert werden und ein Rückgang ihrer Lernmotivation vermieden wird (ebd.).

Vielfach erschweren jedoch gewisse organisatorische Rahmenbedingungen in der Schulpraxis die Realisierung einer angemessenen Förderung von besonderen Begabungen. Das betrifft z.B. die Unterrichtung in heterogenen Gruppen (Klassen, Kursen), die weitgehend nach Geburtsjahrgängen zusammengestellt sind und in denen ein Lehrer gleichzeitig mehrere Lernende zu unterrichten hat (vgl. Hany, Eines schickt sich nicht für alle 1995, S.58). Durch diese Organisationsstruktur sind Probleme vorprogrammiert, die aus den interindividuellen Unterschieden der Lernenden resultieren. Im einzelnen entstehen die Probleme daraus, daß nach einem verbindlich vorgegebenen Lehrplan unterrichtet wird, der eine relativ feste Zuordnung von Lerninhalten und Abschnitten nach dem Lebensalter und nicht nach dem Entwicklungsalter, welches in intellektuellen, sozialen und kreativen Fähigkeiten zum Ausdruck kommt, vorsieht (vgl. Spahn, Wenn die Schule versagt 1997, S.260). Zudem ist die Ausbildung spezifischer Lernmöglichkeiten und die Berücksichtigung der individuellen Lernvoraussetzungen aller Schüler gerade bei hohen Klassenstärken für die Lehrkraft fast nicht realisierbar (vgl. Drewelow, Begabungsförderung in der Schule 1992, S.177).

Außerdem gelten an unseren Schulen grundsätzlich das Stundenprinzip sowie das Fächerprinzip. Aufgrund dieser Festlegungen wird der unterschiedliche kognitive Entwicklungsstand der Schüler, ihr unterschiedliches Lerntempo und ihr bereichsspezifisch unterschiedliches Vorwissen zum Problem für die Unterrichtsgestaltung (vgl. Hany, Eines schickt sich nicht für alle 1995, S.58).

Günstigere organisatorische Rahmenbedingungen für eine differenzierende Förderung von besonderen Begabungen könnten sich ergeben durch stärkere Autonomie der einzelnen Schulen bezüglich Stundentafeln, Fächerschwerpunkte und Verteilung, Entwicklung von Schulprofilen, Flexibilisierung von Arbeits- und Unterrichtszeiten, mehr volle Halbtags- und Ganztagsschulen (man bedenke hierbei die derzeitige Diskussion zur Einführung der verläßlichen Grundschule), Durchlässigkeit von Klassenjahrgängen, flexiblere Handhabung bei vorzeitiger Einschulung usw. Insgesamt gesehen wäre eine größere "Flexibilisierung, Diversifizierung, Dynamisierung sowohl in institutionell-organisatorischer als auch in curricular-inhaltlicher und in didaktisch-methodischer Hinsicht" wünschenswert (Urban, Förderung besonderer Begabungen 1996, S.21-22). Das impliziert auch eine notwendige Offenheit der Schulbehörden gegenüber vielfältigen Schulversuchen.

6.2 Grundsätze der Förderung für die Unterrichtsgestaltung

Für die pädagogische Arbeit in der Grundschule können, unabhängig von Organisationsformen, Erziehungszielen und Unterrichtsinhalten der einzelnen Förderungsmaßnahmen, günstigere Rahmenbedingungen für eine Förderung hochbegabter Kinder durch die Berücksichtigung von gewissen Grundsätzen für die Unterrichtsgestaltung geschaffen werden.[33] Die Förderung hochbegabter Kinder muß zwar von den allgemeinen Aufgaben der Grundschule, die schon in Kapitel 6.1 beschrieben worden sind, ausgehen, diese jedoch im Hinblick auf die Entwicklungsbesonderheiten und Lernbedürfnisse Hochbegabter ausgestalten. Der Unterricht muß so durchdacht werden, daß Lernbedürfnisse und Lernart von Hochbegabten mit den Unterrichtsverfahren in besonderer Weise korrespondieren.

[33] Die folgende Tabelle ist als eine Weiterentwicklung der Tabelle 5 aus Kapitel 4.2 zu verstehen, in der sich Merkmale / Fähigkeiten Hochbegabter und Merkmale üblichen Schulunterrichts diametral gegenüberstehen. In dieser Tabelle hingegen entsprechen sich Lernverhalten von Hochbegabten und Unterrichtsverfahren.

Aufgrund der sehr guten Verarbeitung der Lerninhalte und der hohen Lernintensität kann die übliche Zeit für das Erlernen von Standardstoffen und Arbeitstechniken erheblich verkürzt werden. Nach Uszkurat kann die frei werdende Zeit für die Vertiefung bereits behandelter oder für die Erarbeitung neuer Stoffe, für Aktivitäten im musisch oder sozialen Bereich oder für das Erlernen handwerklicher Fähigkeiten genutzt werden (vgl. Uszkurat, Schulische Förderungsmöglichkeiten für Hochbegabte 1986, S.161).

Lernbedürfnisse und Lernart	**Unterrichtsverfahren**
• sehr gute Abstraktionsfähigkeit	• Betonung übergeordneter Prinzipien • Betonung von Komplexität und Interdependenz • wenig Veranschaulichung • weniger Einzelheiten
• hohes Lerntempo	• Kenntniserwerb in kurzer Zeit • hohes Unterrichtstempo
• Selbständigkeit im Urteilen	• Vielfalt der Denkanstöße • Wechsel der Maßstäbe • Hilfen zur Bewältigung der psychischen Belastungen
• großes Lernbedürfnis	• Mitgestaltungsmöglichkeiten beim (regulären) Unterricht • Vielfalt der Denkanstöße • selbstgewählter (zusätzlicher) Unterricht
• gutes logisches Denkvermögen	• Verstärkung der Methodik und Systematik
• hohe Sprachfähigkeit	• weniger Training der Grundfertigkeiten • anspruchsvollere Sprechsituationen und Texte • differenzierte und präzisere Darstellungsweisen
• überragendes Langzeitgedächtnis	• wenig Einübung und Wiederholung
• hohe Energie, große Ausdauer	• intensiver und konzentrierter Unterricht • zusätzliche Lernangebote • vielfältige Aktivitäten
• unbegrenzte Neugier und Phantasie	• entdeckendes Lernen • Anreize zum Erfinden und Konstruieren

Quelle der Tabelle 7: Eigene Erstellung nach Uszkurat, Schulische Förderungsmöglichkeiten für Hochbegabte 1986, S.160 und Uszkurat, Zur Förderung von Hochbegabten im Gymnasium 1984, S.160-161

Kritisch anzumerken ist, daß bei diesen Anregungen einzig der kognitive Aspekt im Vordergrund steht und emotional-sozial förderliche Qualitäten bestenfalls als "wünschenswerte Zufallsprodukte" auftreten. Aus diesem Grund findet hier eine Ergänzung durch Wieczerkowski statt:

Fähigkeiten und Eigenschaften hochbegabter Kinder	**Pädagogische Handlungspläne**
• hohe Sensibilität	• Lernen, die Gefühle und Erwartungen anderer zu erkennen und zu respektieren
• Gefühl des Andersseins, Selbstbewußtsein	• Lernen, mit den eigenen Gefühlen non-defensiv umzugehen
• starkes Bedürfnis nach Übereinstimmung von Sollen und Tun (ethischer Rigorismus)	• Lernen, realistische Ziele zu setzen • Lernen, Rückschläge als Teil der eigenen Entwicklung zu akzeptieren
• ausgeprägter Sinn für Humor, Situationskomik und Ironie	• Lernen, wie das eigene Verhalten Gefühle und Verhalten anderer beeinflussen kann
• ausgeprägte Fähigkeit, ökologische und psychosoziale Probleme zu konzeptualisieren	• Verständnis vermitteln für ein demokratisches Verhalten

Quelle der Tabelle 8: Eigene Erstellung nach Wieczerkowski, Vier hochbegabte Grundschüler in beratungspsychologischer Perspektive 1998, S.146

Unter pädagogischer Perspektive betrachtet, muß Hochbegabtenförderung von Kindern zu allererst Unterstützung einer optimalen Persönlichkeitsentwicklung sein (vgl. Bayerisches Staatsministerium für Unterricht, Kultus, Wissenschaft und Kunst 1998, S.236), deshalb ist die geistige Förderung in mancher Hinsicht zu ergänzen. Neben der eigentlichen Entwicklung von Denkfähigkeiten und der Vermittlung von Wissen und Fertigkeiten müssen vor allem auch Interessen angeregt und die Leistungsmotivation gefördert werden (vgl. Christiani, Auch die leistungsstarken Kinder fördern 1994, S.19 und Drewelow, Begabungsförderung in der Schule 1992, S.174).

Als Voraussetzung für die Entwicklung eines stabilen Selbstkonzeptes gilt es, für eine angemessene Wahrnehmung der eigenen Stärken und Schwächen zu sorgen. Einer übertriebenen Selbstbewertung (Perfektionismus), die manchen hochbegabten Kindern zu schaffen macht, ist dabei entgegenzuwirken. Statt dessen sollen die Kinder auch die eigenen Schwächen lernen anzunehmen und insgesamt erkennen, daß nicht nur ihre Fähigkeit zur logischen Schlußfolgerung, ihr gutes Gedächtnis und ihr ausgeprägtes Wissen wertvoll sind, sondern daß auch ihre Gefühle, Wünsche und Phantasien von Bedeutung sind (vgl. Hany / Schaarschmidt, Begabte Kinder – eine gleichzeitige Herausforderung für die wissenschaftliche und pädagogische Arbeit 1997, S.321).

Besondere Beachtung muß die Entwicklung der sozialen Kompetenz und der Selbständigkeit finden. Dazu müssen Gelegenheiten geschaffen werden, die Spielraum für Kreativität, für selbstgesteuertes Handeln, schließlich auch für das Miteinanderlernen und Zusammenleben ermöglichen (vgl. Jurack, Stand und Perspektiven der psychologischen Begabungsforschung 1992, S.131).

6.3 Förderungsformen

6.3.1 Akzeleration

Bei der schulischen Förderung hochbegabter Kinder wird im wesentlichen zwischen zwei Formen unterschieden:
Akzeleration und Enrichment.

Unter Akzeleration[34] ist jede Maßnahme zu verstehen, die es einem Schüler ermöglicht, den vorgesehenen Lehrplan oder Teile davon früher zu beginnen, zu beenden oder schneller zu passieren, als es teils üblich, teils gesetzlich vorgesehen ist.

[34] Unter Akzeleration wurde in der Bundesrepublik bisher im wesentlichen eine körperlich beschleunigte Entwicklung verstanden. Im Rahmen der Auseinandersetzung mit der anglo-amerikanischen Literatur über Hochbegabte hat es sich jedoch eingebürgert, auch in diesem Kontext den Begriff der Akzeleration zu verwenden (vgl. Heinbokel, Überspringen von Klassen 1996, S.1).

Frühe Einschulung

Eine vorzeitige Einschulung ist ein administratives Verfahren, bei dem es Kindern ermöglicht wird, vorzeitig in die Vorschule oder in die erste Klasse der Grundschule einzutreten, sofern sie als fähig eingeschätzt werden, die Schule mit Erfolg bewältigen zu können.[35]

Das Niedersächsische Schulgesetz sieht in den neuesten Änderungen[36] vor, daß mit dem Beginn eines Schuljahres alle Kinder schulpflichtig werden, die bis zum 30. Juni das sechste Lebensjahr vollendet haben (vgl. Niedersächsisches Gesetz- und Verordnungsblatt, Haushaltsbegleitgesetz 1999, S.10 und Niedersächsisches Kultusministerium, Niedersächsisches Schulgesetz in der Fassung vom 03.03.1998, S.36). Auf Antrag der Erziehungsberechtigten können Kinder, die zu Beginn des Schuljahres noch nicht schulpflichtig sind, in die Schule aufgenommen werden, wenn sie die für den Schulbesuch erforderliche körperliche und geistige Schulfähigkeit besitzen und in ihrem sozialen Verhalten ausreichend entwickelt sind (vgl. Niedersächsisches Kultusministerium, Niedersächsisches Schulgesetz in der Fassung vom 03.03.1998, S.36).

Insgesamt läßt sich eine Tendenz, Kinder möglichst etwas später als früher einzuschulen, beobachten (vgl. Mähler / Hofmann, Ist mein Kind hochbegabt? 1998, S.110). Zum einen liegt das daran, daß die gesellschaftliche Einstellung vorherrscht, man nehme einem Kind ein Jahr Kindheit, ein Jahr Spielen weg, wenn man es früh einschule. Doch "raubt" man dem hochbegabten Kind durch eine Früheinschulung nicht etwa ein Jahr Kindheit, im Gegenteil man verschafft ihm eine geistige und soziale Umgebung, in der es sich wohler fühlt, in der es seine Kindheit besser "genießen" kann (vgl. Rückert, Hochbegabte Kinder in der Grundschule 1992, S.169). Zum anderen möchten viele Eltern ihren Kindern gute Chancen in der Schule eröffnen, in

[35] Die folgenden Ausführungen zur vorzeitigen Einschulung beziehen sich auf das Bundesland Niedersachsen.

[36] Laut Auskunft des niedersächsischen Kultusministeriums liegen diese Änderungen bisher im Niedersächsischen Gesetz- und Verordnungsblatt 2/1999 vor und werden in die nächste Gesamtfassung einer Veröffentlichung des Niedersächsischen Schulgesetzes aufgenommen.

dem sie sie so spät wie möglich einschulen, damit sie in der Entwicklung schon weiter fortgeschritten sind. Andererseits möchten Pädagogen (und das sicherlich manchmal zu Recht) Kinder vor überehrgeizigen Eltern schützen (vgl. Mähler / Hofmann, Ist mein Kind hochbegabt? 1998, S.110). Rost ist der Ansicht, daß die meisten Vor- und Grundschullehrer wohl darin übereinstimmen würden, langsam lernende Kinder solange zurückzuhalten, bis sich ihr emotionaler und intellektueller Entwicklungsstand dem ihrer Schulkameraden angeglichen hat. Doch merkwürdigerweise sind viele Lehrer gegen eine frühzeitige Schulzulassung lernbegieriger Kinder (vgl. Rost, Begabung und Begabungsförderung 1988, S.174-175). Dies stellt in der intellektuellen wie sozial-emotionalen Entwicklung Hochbegabter ein hemmendes Moment dar (vgl. Stapf, Hochbegabte Kinder in Kindergarten und Schule 1990, S.86).

Bei einer frühzeitigen Einschulung ist die Zustimmung aller Beteiligten, also der Eltern, des Kindes, des Schulpsychologen, der Schulleitung und der zukünftigen Lehrkraft der Klasse notwendig, damit der Entwicklung einer ausgeglichenen kindlichen Persönlichkeit Rechnung getragen werden kann (vgl. Stamm, Hochbegabungsförderung in Deutschschweizer Volksschulen 1992, S.99).

Eine frühe Einschulung stellt jedoch keine wirkliche Förderung Hochbegabter im pädagogischen Sinne dar. Vielmehr ist sie im Rahmen der Einschulung eine Möglichkeit, die formale Zuordnung der Schulstufe den Fähigkeiten des betreffenden Kindes anzupassen. Geht man jedoch davon aus, daß hochbegabte Kinder schneller als andere lernen, wird man mit dieser Maßnahme das Problem der Diskrepanz zwischen schulischer Anforderung und Fähigkeitspotential kaum lösen können. Daher ist zu erwarten, daß sich an diese Maßnahme bald weitere anschließen werden müssen.

Überspringen von Klassen

Das Überspringen von Klassen ist in allen Bundesländern erlaubt, in der Regel einmal in der Grundschule und einmal in der Sekundarstufe I (vgl. Heinbokel, Überspringen von Klassen 1996, S.23).[37] Zum 01.08.1995 wurde die Versetzungsverord-

[37] Die folgenden Ausführungen zum Überspringen von Klassen beziehen sich auf das Bundesland Niedersachsen.

nung in Niedersachsen einschließlich der Bestimmungen über das Überspringen geändert. Danach ist das Überspringen eine pädagogische Entscheidung und nicht an bestimmte Termine gebunden. Sofern der Notendurchschnitt des Zeugnisses gut oder besser ist oder entsprechende Aussagen in den Lernentwicklungsberichten enthalten sind, hat die Zeugniskonferenz die Frage des Springens zu prüfen (vgl. Schulverwaltungsblatt für Niedersachsen, Verordnung über Versetzungen, Aufrücken, Übergänge und Überweisungen an allgemeinbildenden Schulen 1995, S.182-185 und Schulverwaltungsblatt für Niedersachsen, Änderung der Ergänzenden Bestimmungen zur Versetzungsverordnung 1999, S.148).

Eine besonders geeignete Klassenstufe für das Überspringen läßt sich wegen der Individualität der einzelnen Schüler nicht angeben, so daß nur allgemeine Überlegungen möglich sind. Das Überspringen der ersten Klasse dürfte kaum sinnvoll sein, da einer beschleunigten Entwicklung des Kindes bereits durch frühe Einschulung hätte begegnet werden können und dem Kind der wichtige Prozeß der Klassenbildung ermöglicht worden wäre. Als günstig erscheint in der Grundschule das Überspringen, insbesondere der zweiten, aber auch der dritten Klasse (vgl. Hany, Eines schickt sich nicht für alle 1995, S.63 und Fels, Identifizierung und Förderung Hochbegabter 1999, S.179). Santl und Reitmajer sprechen sich allgemein gegen ein zu spätes Überspringen und eher für eine frühe Einschulung aus, weil hierdurch mehr Zeit zur Ausbildung von Freundschaften bleibt und soziale Einschnitte vermieden werden (vgl. Santl / Reitmajer, Überspringen einer Jahrgangsstufe als Fördermaßnahme für besonders begabte Schülerinnen und Schüler 1991, S.39-41). Ein Springen zum Halbjahreswechsel ist eher ungewöhnlich und wird als ungünstig bewertet, da der Stoff nicht in sich abgeschlossen ist und die Sommerferien mehr Zeit zum Nacharbeiten bieten (vgl. ebd.).

Folgende Bedingungen werden als wichtig für erfolgreiches Springen betrachtet: deutliche Unterforderung in der jetzigen Klassensituation, überdurchschnittliche Leistungen in vielen Schulfächern, vor allem in Deutsch und Mathematik, Interesse an schulischen Lerninhalten und große Leistungsbereitschaft, zumindest altersgemäße ausgeprägte Fähigkeit zu konzentriertem und ausdauerndem Arbeiten, altersgemäß entwickelte stabile Persönlichkeit, die gelegentliche Mißerfolge und vorübergehende

Unsicherheit in Leistungssituationen überwinden kann und zumindest altersgemäße soziale Kompetenz (vgl. Staudacher / Geisler, Überspringen in der Grundschule 1994, S.242). Heinbokel weist in diesem Zusammenhang darauf hin, daß emotionale Stabilität nicht unbedingt Voraussetzung für das Springen sein muß, sondern auch ein Ziel sein kann (vgl. Heinbokel, Überspringen von Klassen 1996, S.77). Wesentlich ist außerdem, daß der Schüler die Fähigkeit besitzt, sich den Unterrichtsstoff selbständig zu erarbeiten (vgl. Reitmajer / Santl, Interviews mit Überspringern 1994, S.250).

Erfolgreiches Überspringen erfordert die Kooperation aller Beteiligten (Schüler, abgebende und aufnehmende Lehrer, Schulleitung, Eltern, Schulaufsicht) sowie Vorbereitung, begleitende Betreuung und eventuell soziale, emotionale und schulleistungsbezogene Stützmaßnahmen (vgl. Bayerisches Staatsministerium für Unterricht, Kultus, Wissenschaft und Kunst, Kongress Hochbegabtenförderung 1998, S.240).

Für die Bewertung des Überspringens von Klassen gilt das bereits für die frühe Einschulung Gesagte; es handelt sich nicht um eine wirkliche Förderung, die an die Fähigkeiten der Schüler angepaßt ist, sondern vielmehr um eine Korrektur der formalen Klassenzuordnung und somit eher um eine Maßnahme gegen Unterforderung und Langeweile.

Beschleunigtes Durchlaufen von Klassen (individuell)

Bei dieser Förderungsform wird der gesamte Lehrstoff während der ganzen Schulzeit beschleunigt durchgearbeitet. Da die Schüler das Lerntempo selber bestimmen können (vgl. Winner, Hochbegabt 1998, S.245), bewirkt dies unter Umständen die Verkürzung der Schulzeit um mehrere Jahre (vgl. Spahn, Wenn die Schule versagt 1997, S.197). An einigen Schulen in den USA gibt es im Primarbereich sogenannte "ungraded classes", d.h. die ersten drei Schuljahre sind zusammengefaßt und die Kinder lernen gemeinsam (vgl. Heinbokel, Hochbegabte 1988, S.88). Auf einem solchen System altersheterogener Klassen basieren auch die Montessori-Schulen (vgl. Cronauge, Eine Chance für die Begabten 1997, S.153-154). Die Montessori-Grundschule hat nicht wie üblich eine Gruppierung nach Jahrgangsklassen, sondern eine vertikale Gruppierung, d.h. in einer Klasse sind zumeist Schüler von drei verschiedenen Schülerjahrgängen (vgl. Mönks, Unser Kind ist hochbegabt 1993, S.76). Im Grundschulbereich werden das erste bis dritte Schuljahr und das vierte bis sechste Schuljahr zusammengefaßt. Im Rahmen dieser Arbeit ist es nicht Aufgabe zu beschreiben, wie der Unterricht in einer Montessori-Schule abläuft, doch soll betont werden, daß Montessori (1870-1952) von dem Kind als Individuum ausgeht, und demnach ist in einer Gruppe von Individuen nicht jeder Einzelne zur gleichen Zeit in gleichem Maße an dem gleichen Thema interessiert. Nach Montessori ist Lernen effektiver, wenn das Kind von sich aus aufnahmebereit ist und nicht von außen bestimmt wird, wann es sich für etwas zu interessieren hat (vgl. Mönks, Ein interaktionales Modell der Hochbegabung 1992, S.21). Wichtige Erziehungsziele sind hierbei Selbstverantwortung und Individualität (vgl. Mähler / Hofmann, Ist mein Kind hochbegabt? 1998, S.165). Die Montessori-Methode bietet – unabhängig vom Leistungsvermögen - für alle Kinder folgende Vorteile:

1. Die Ausbildung der Lehrer und das Material ermöglichen weitgehende Individualisierung des Unterrichts, so daß von der Norm abweichende Kinder leichter integriert werden können. Unterschiede in Anlagen, Fähigkeiten und Lerntempo werden respektiert und akzeptiert (vgl. Mönks, Unser Kind ist hochbegabt 1993, S.77).

2. In altersheterogenen Gruppen gehört jedes Kind zu Beginn zu den "Kleinen", die sich helfen lassen müssen, und wächst allmählich in die Rolle der "Großen", die anderen helfen, hinein. Aufgrund des unterschiedlichen Alters sind es somit nicht immer die gleichen Kinder, die die Spitzengruppe oder die "Schlußlichter" bilden (vgl. Stamm, Hochbegabungsförderung in Deutschschweizer Volksschulen 1992, S.100).

3. Es gibt weder verwaltungstechnische noch inhaltliche Schwierigkeiten, wenn ein Kind die drei Jahre in zwei oder vier Jahren durchläuft. Die Frage des Sitzenbleibens oder des Springens mit all den Problemen stellt sich nicht. Je nach Entwicklungsstand beschließt die Schule nach Rücksprache mit den Eltern, es ein Jahr früher in die nächst höhere Gruppe gehen zu lassen oder noch ein Jahr zu warten (vgl. ebd.).

4. Da die Kinder es gewöhnt sind, in einer Klasse mit unterschiedlich alten Kindern zusammenzuarbeiten, spielt die Frage des Alters für die Kinder kaum eine Rolle (vgl. Cronauge, Eine Chance für die Begabten 1997, S.154).

Eine derartige Organisation des Unterrichts kann daher einige der Probleme lösen, die speziell Hochbegabte in der Schule haben:

1. Die freie Entscheidung über das Thema und das Arbeitstempo läßt jedes Kind auf seinem Niveau arbeiten und erlaubt auch den Hochbegabten, sich mit ähnlich Interessierten und / oder Begabten zusammenzutun, ohne daß diese Gruppenbildung Isolation bedeutet (vgl. Cronauge, Eine Chance für die Begabten 1997, S.154).

2. Die altersheterogenen Klassen im Grundschulbereich erlauben den Hochbegabten, diese Jahre schneller zu durchlaufen. Da die Kinder gemeinsam unterrichtet werden, läßt sich auch besser beobachten, ob ein hochbegabtes Kind seinen Altersgenossen nur im intellektuellen Bereich voraus ist oder von seiner gesamten Entwicklung her besser in eine ältere Gruppe paßt (vgl. Heinbokel, Hochbegabte 1988, S.90).

Beschleunigtes Durchlaufen von Klassen (als Gruppe)

Eine andere Art von Akzeleration tritt auf, wenn eine ganze Klasse gemeinsam ihr Jahrespensum in einer kürzeren Zeit bewältigt, als dies ursprünglich vorgesehen ist (vgl. Rost, Begabung und Begabungsförderung 1988, S.178). In diesen Klassen wird der gesamte Lehrstoff beschleunigt durchgearbeitet, z.B. das Lernpensum von vier Jahren innerhalb von drei Jahren. In der Bundesrepublik erfolgt diese Form der Akzeleration durch die Einrichtung von sogenannten D-Zug-Klassen. Diese Förderform ist nach Uszkurat eine Form des "allmählichen Springens" (Uszkurat, Schulische Förderungsmöglichkeiten für Hochbegabte 1986, S.167) bei der Entwicklungsgleiche während der gesamten oder eines Teils der ganzen Schulzeit zusammen sind. Dies bietet für eine harmonische sozial-emotionale und intellektuelle Entwicklung Vorteile (vgl. Mönks, Unser Kind ist hochbegabt 1993, S.55).

D-Zug-Klassen werden am ehesten dem schnelleren Lernen Hochbegabter gerecht. Jedoch entspricht diese Förderungsmaßnahme nur einem Charakteristikum Hochbegabter, nämlich ihrer schnelleren Auffassungsgabe, und läßt ihre breiten Interessen und komplexeren kognitiven Fähigkeiten sowie soziale Förderungsinhalte gänzlich außer acht. Deshalb sollten D-Zug-Klassen nicht allein als Förderungsangebot für Hochbegabte zum Einsatz kommen. Wünschenswert wäre vielmehr, Klassen einzurichten, in denen ein überwiegender Teil des Unterrichts beschleunigt erteilt wird und der verbleibende Teil dem fachlichen Enrichment dient.

6.3.2 Enrichment

Unter Enrichment sind Maßnahmen zu verstehen, die die Kinder mit Zusatzstoff versorgen, den Unterrichtsstoff vertiefen und um zusätzliche Unterrichtsinhalte bereichern, ohne daß die Schüler schneller vorankommen.

Pull-out Programme und Clustergruppierungen

In einem Pull-out Programm werden die hochbegabten Kinder zu bestimmten Stunden und / oder an bestimmten Tagen für vorgesehene Förderphasen aus den leistungsheterogenen Klassen herausgenommen (vgl. Heller, Hochbegabung im Kindes- und Jugendalter 1992, S.33). Sie werden für diese Zeit in Förderklassen zusammengefaßt, die vom Grundsatz einem kindzentrierten und individualisierten Ansatz folgen. Die Kinder arbeiten entweder selbständig oder in kleinen Gruppen an interessanten Fragestellungen, führen Experimente durch und anderes mehr (vgl. Winner, Hochbegabt 1998, S.238).

Clustergruppierungen fassen meist zwei bis fünf hochbegabte Kinder in Gruppen innerhalb regulärer Schulklassen zusammen. Diese Kleingruppen von Schülern bleiben während der meisten Unterrichtsstunden mit den anderen Kindern zusammen, werden aber in einigen Stunden gesondert unterrichtet (vgl. Heinbokel, Hochbegabte 1988, S.96).

Die Vorteile dieser Förderungsformen sind der optimale Einsatz qualifizierter Lehrkräfte, die Erleichterung des Kontakts zwischen Kindern mit gleichen Interessen und die Ermöglichung einer realistischen Selbsteinschätzung. Ein weiterer Vorteil ist, daß die Schüler den Kontakt zu ihren übrigen Klassenkameraden behalten und sie an diese Wissen und Anregungen, die sie durch die besondere Förderung erfahren haben, weitergeben können (vgl. Rost, Begabung und Begabungsförderung 1988, S.170). Nachteile ergeben sich daraus, daß die hochbegabten Kinder in der übrigen Zeit keine differenzierte Anleitung erfahren und daß die Schüler nicht die Möglichkeit haben, ein Thema systematisch zu erforschen, da die Förderphasen oft nur ein oder zweimal pro Woche stattfinden und wenig Kontinuität bieten (vgl. Winner, Hochbegabt 1998, S.238).

Ressourcenzimmer / Ressourcenlehrer

Bei Ressourcenzimmern handelt es sich um speziell eingerichtete separate Klassenräume innerhalb des Schulgebäudes, in welchen den Schülern lernziel-orientierte, didaktische "Ressourcen" unterschiedlichster Art zur Verfügung gestellt werden (vgl. Rost, Begabung und Begabungsförderung 1988, S.185). Das Angebot reicht vom gedruckten Wort über Hard- und Software für den Bereich der elektronischen Datenverarbeitung, Materialien und Geräte für den audiovisuellen, kommunikativen Sektor, Instrumente und Laborapparaturen für den naturwissenschaftlichen Bereich bis hin zu den Grundmaterialien und Requisiten für den musischen und den Bereich der darstellenden Künste etc. (vgl. Urban, Methodisch-didaktische Möglichkeiten der (integrativen) schulischen Förderung von besonders begabten Kindern 1996, S.35). Häufig erfolgt die Benutzung des Raumes unter der Aufsicht eines Ressourcenlehrers, der sich speziell der Betreuung und Förderung hochbegabter Schüler widmet (vgl. Hany, Begabte Kinder – eine gleichzeitige Herausforderung für die wissenschaftliche und pädagogische Arbeit 1997, S.325). Für die Arbeit im Ressourcenzimmer, wo die Schüler sich einerseits intensiv mit dem Unterrichtsstoff auseinandersetzen, andererseits aber auch eigene Projekte verfolgen, werden diese Schüler vom regulären Unterricht befreit (vgl. Rost, Begabung und Begabungsförderung 1988, S.185). Wichtig ist, daß das Ressourcenzimmer nicht für triviale Aufgaben benutzt oder umfunktioniert wird, sondern sich die Kinder intensiv mit anspruchsvollen Projekten und Arbeiten unter Anleitung einer Fachperson auseinandersetzen können.

Arbeitsgemeinschaften

In Deutschland sind Arbeitsgemeinschaften sehr verbreitet. Sie werden von den Schulen organisiert und betreut und finden zusätzlich zum regulären Unterricht an Nachmittagen oder an Wochenenden statt und liegen außerhalb des regulären Lehrplans (vgl. Stamm, Hochbegabungsförderung in Deutschschweizer Volksschulen 1992, S.104). Für die Schüler bietet sich so die Möglichkeit, in altersheterogenen Gruppen mit Gleichgesinnten zusammen zu sein, gefordert zu werden, ohne den üblichen Klassenverband aufgeben zu müssen. Ein Nachteil ist der zusätzliche Zeitaufwand für die Teilnehmer (vgl. Fels, Identifizierung und Förderung Hochbegabter 1999, S.190). Durch die leichten Realisierungsmöglichkeiten bezüglich der organisatorischen Ebene stellen Arbeitsgemeinschaften die einfachste Form des schulischen Enrichments für Hochbegabte dar.

Spezialschulen

Zu den Vorteilen bei der Einrichtung von Spezialschulen zur gezielten Förderung hochbegabter Schüler gehören die Konzentration besonders motivierter und speziell ausgebildeter Lehrkräfte, die Möglichkeit eines sehr intensiven Unterrichts, die wechselseitige positive Einflußnahme und Stimulation der Schüler durch Unterricht und Gemeinschaft mit ähnlich Begabten sowie die Vermeidung von Egoismus und Arroganz durch die Erfahrung der Nicht-Einzigartigkeit (vgl. Rost, Begabung und Begabungsförderung 1988, S.167). So kann der Besuch einer Spezialschule aber auch ungünstige Auswirkungen auf das Selbstwertgefühl haben, wenn der hochbegabte Schüler akzeptieren muß, daß es Mitschüler gibt, die ihm geistig überlegen sind (vgl. Fels, Identifizierung und Förderung Hochbegabter 1999, S.203). Als Nachteil dieser Förderungsform ist die Irreversibilität einer Aufnahme zu nennen, da eine Rückversetzung in den alten Klassenverband bei dem betroffenem Kind zu psychischen Konflikten führen und in der alten Klasse Spott auslösen könnte (vgl. Rost, Begabung und Begabungsförderung 1988, S.168).

Die Einrichtung von Spezialschulen hat in vielen Ländern eine lange Tradition. Während derartige Schulen für besonders musikalisch und sportlich begabte Kinder in der Bundesrepublik Deutschland von der Öffentlichkeit mehrheitlich mit Wohlwollen zur Kenntnis genommen werden, besteht bei jenen Einrichtungen, die sich der Förderung intellektuell besonders Begabter widmen, oftmals die Befürchtung, eine intellektuelle Elite zu schaffen und somit dem Gleichheitsgrundsatz zu widersprechen (vgl. Stamm, Hochbegabungsförderung in Deutschschweizer Volksschulen 1992, S.103). Aus diesem Grund, und weil die Ausbildung von Hochbegabten auch zum Auftrag jeder Schule gehört – wodurch Spezialschulen als überflüssig und vielleicht als Beweis der Unzulänglichkeit der Regelschulen verstanden werden könnten -, wurde wohl auch der separate Klassenzug an der Jugenddorf-Christophorusschule in Braunschweig erst spät eingerichtet.

Spezialklassen

Eine Gruppenbildung nach Klassen innerhalb einer normalen Schule wirkt weniger segregierend als die Einrichtung von Spezialschulen. Das Ziel besteht nicht darin, die Kinder früher aus der Schule zu entlassen, sondern sie mehr Stoff intensiver lernen zu lassen (vgl. Heinbokel, Hochbegabte 1988, S.97). Ganztagsklassen besitzen die gleichen Vor- und Nachteile wie Spezialschulen, nur, daß Irrtümer in der Identifikation von Hochbegabten leichter zu korrigieren sind (vgl. Rost, Begabung und Begabungsförderung 1988, S.169). Besonders für große Schulen, wo die Spezialklassen von Schülern aus den eigenen Reihen gebildet werden, trifft dies zu. In Kleinschulen jedoch, die ihre Kinder in ein Schulzentrum delegieren, ist die Korrektur schwieriger.

6.3.3 Mischformen und weitere Förderungsmöglichkeiten

In diesem Abschnitt werden jene Förderungsmöglichkeiten angesprochen, die sich nicht eindeutig dem Akzelerations- oder Enrichmentansatz zuordnen lassen.

Binnendifferenzierung

Binnendifferenzierung heißt, daß der Lehrer versucht, die unterschiedlichen Begabungen innerhalb eines Klassenverbandes durch unterschiedliche, leistungsangemessene Aufgaben anzusprechen und zu fördern (vgl. Mähler / Hofmann, Ist mein Kind hochbegabt? 1998, S.157).

> Wenn Unterricht jeden einzelnen Schüler optimal fördern will, wenn er jedem zu einem möglichst hohen Grad von Selbsttätigkeit und Selbständigkeit verhelfen und Schüler zu sozialer Kontakt- und Kooperationsfähigkeit befähigen will, dann muß er im Sinne Innerer Differenzierung durchdacht werden (Klafki, Neue Studien zur Bildungstheorie und Didaktik 1985, S.127).

Nach Klafki muß Binnendifferenzierung innerhalb der Klasse als Individualisierung und Differenzierung des Unterrichts konsequent eingeführt werden, um jedes Kind begabungsgerecht zu fördern. Dies ist vor allem in der Grundschule aufgrund der bestehenden großen Heterogenität der Begabungen, Interessen und Verhaltensweisen von Bedeutung. Bei einem undifferenzierten Unterricht hingegen, der lediglich auf eine Durchschnittlichkeit gerichtet ist, kommen alle jene Kinder zu kurz, deren Fähigkeiten und Lerntempo entweder nach oben oder nach unten vom Durchschnitt stark abweichen.

Bei der Binnendifferenzierung werden in der Regel mehrere Gruppen gebildet, die dann gleichzeitig unterschiedliche Aufgaben bearbeiten. Relativ verbreitet ist die Darbietung von Zusatzaufgaben für diejenigen, die bei Klassenarbeiten oder bei Wiederholungen und Übungen nur den Bruchteil der angesetzten Zeit benötigen. Doch empfinden die Schüler dies zu Recht oft als Beschäftigungstherapie (vgl. Feger, Hochbegabung 1988, S.197). Das Modell der Binnendifferenzierung findet aufgrund dieser Überlegungen seine Berechtigung nur in solchen Unterrichtsformen, wo Schüler nach Erledigung ihrer Aufgaben problemlos auf andere interessante Beschäftigungen innerhalb des Klassenraumes ausweichen können. Dies wären vor allem Grundschulklassen mit offenem Unterricht.[38] Bereits in den ersten Schuljahren können die Kinder so erfahren, daß sie auf unterschiedlichsten Wegen erfolgreich lernen, eigene Lern- und Arbeitsstrategien bevorzugen und schwierige Situationen meistern können.

Hochbegabte als Betreuer von Mitschülern

Dieses Konzept wird als Förderungsmodell in der Fachliteratur immer wieder angesprochen und es werden diesem durchgängig positive Eigenschaften nachgesagt. Nach Bongartz, Kaißer und Kluge entstehen keine Kosten für die Schule, Hochbegabte werden nur gering belastet und lernen zusätzlich durch Erklären und Übernehmen von Verantwortung und können im Klassenverband verbleiben (vgl. Bongartz / Kaißer / Kluge, Die verborgene Kraft 1985, S.76). Es muß jedoch betont werden, daß es sich bei diesem Ansatz nicht um eine Förderungs-, sondern vielmehr um eine Ruhigstellungsmaßnahme für Hochbegabte handelt. Auch die Lernergebnisse auf Seiten der Betreuten dürften eher enttäuschend ausfallen; Hochbegabte könnten möglicherweise kaum Verständnis für die langsamere Auffassungsgabe ihrer Mitschüler haben, da sie Beziehungen schneller verstehen und ihr größeres Wissen eine stärkere Vernetzung ermöglicht (vgl. Fels, Identifizierung und Förderung Hochbegabter 1999, S.208).

Freistellung von der Schulpflicht

Nach den Schulgesetzen der Länder der Bundesrepublik Deutschland ist jedes Kind nach Vollendung des 6.Lebensjahres zum Schulbesuch verpflichtet. Als Ausnahmen von dieser Regelung sind lediglich die vorübergehende Zurückstellung aufgrund fehlender Schulreife und die dauernde Zurückstellung aufgrund von Bildungsunfähigkeit vorgesehen. Es fehlt die Möglichkeit einer Reduzierung der Schul- auf eine Unter-

---

[38] Urban nennt folgende Qualitätskriterien auf die als Orientierung für einen begabungsentwickelnden offenen Unterricht kurz hingewiesen werden soll: Methodenvielfalt, Freiräume, Umgangsformen, Selbständigkeit und Inhalt, Lernberatung, Öffnung zur Umwelt, Sprachkultur, Lehrerrolle, Akzeptanz des Unterrichts und Lernumgebung. Eine ausführliche Darstellung findet sich bei Urban, Methodisch-didaktische Möglichkeiten der (integrativen) schulischen Förderung von besonders begabten Kindern 1996, S.30.

richtspflicht, die auch von den Eltern unter bestimmten Umständen erfüllt werden könnte, wie sie in den USA und Großbritannien gegeben ist (vgl. Fels, Identifizierung und Förderung Hochbegabter 1999, S.204). Diese Unterrichtsform ist in der Bundesrepublik ausgeschlossen, obwohl sie für jene Kinder sinnvoll wäre, deren intellektueller und sozialer Entwicklungsstand ihrem Alter und der entsprechenden Klassenstufe sehr weit voraus sind und denen ein Schulbesuch nicht mehr zugemutet werden kann, da sie "durch die erlittene, ständige Unterforderung im Unterricht und ihre Erfahrungen mit Lehrkräften eine durchgehende Ablehnung gegen die Schule entwickelt haben" (ebd., S.205). Durch diese Maßnahme könnte so die eventuelle Einschulung in eine Schule für Verhaltensgestörte vermieden werden. Voraussetzung einer solchen Reduzierung auf die Unterrichtspflicht wäre die Sicherstellung eines regelmäßigen und fachkompetenten Unterrichts durch befähigte Personen. Dies könnten sowohl entsprechend ausgebildete Eltern, als auch nicht verwandte Personen sein. Doch steht diese Möglichkeit natürlich nur den Eltern offen, die dazu kognitiv, emotional und ökonomisch in der Lage sind. Diese Methode kann jedoch nur eine Notlösung sein, weil die Kinder keine Erfahrungen mit Peers sammeln können (vgl. Winner, Hochbegabt 1998, S.245).

Eine derartige Schulrechtsänderung ist in Deutschland vermutlich unwahrscheinlich, da sie wohl letztlich zum Ausdruck bringen würde, daß unser Schulwesen in der jetzigen Form den hochbegabten Kindern oft nicht gerecht werden kann.

6.4 Kritische Zusammenfassung

Die geschilderten Maßnahmen des Enrichments und der Akzeleration stellen keine sich ausschließenden Förderungsmöglichkeiten dar (vgl. Urban, Förderung besonderer Begabungen 1996, S.24). Es sind vielmehr Kombinationen verschiedener Maßnahmen denkbar und auch üblich. Ein gutes Beispiel bietet dafür das Förderungskonzept für Hochbegabte in der Jugenddorf-Christophorusschule in Braunschweig. Hier werden von Klasse 9 an Hochbegabungen in Klassen erfaßt, die den Jahresstoff in zwei Trimestern absolvieren (Akzelerationskonzept) und im dritten Trimester wird eine Enrichment-Phase organisiert, die einerseits eine Vertiefung und Verbreiterung der Unterrichtsinhalte mit starker Tendenz zu höherer Komplexität (fachübergreifende Betrachtung, Arbeit an Projekten) aufweist und die andererseits der Spezifik der Begabungsrichtung der einzelnen Schüler gerecht wird (Patensystem durch engagierte Hochschullehrer und Wissenschaftler) (vgl. Reichold / Steinhöfel, Konzepte der Begabungsentwicklung im Schulalter 1995, S.27).

Die Ausführungen über die einzelnen Möglichkeiten der Förderung haben gezeigt, daß jede Förderungsform spezifische Vor- und Nachteile besitzt. Aus diesem Grund ist es nicht möglich, eine ideale Förderungsform zu empfehlen, die für alle Rahmenbedingungen geeignet wäre; es gibt somit keine nur einzig richtige schulische Fördermaßnahme für hochbegabte Kinder (vgl. Urban, Zur Förderung besonders Begabter in der BRD 1989, S.159). Vielmehr wird sich die Auswahl der Maßnahmen immer an den Gegebenheiten des Schulalltags und den individuellen Fähigkeiten der Schüler orientieren müssen. Das heißt, nicht bestimmte vorgegebene Maßnahmen bestimmen die Art der Förderung, nicht die Schüler sollen in bestimmte Organisationsformen eingepaßt werden, sondern für die Schüler müssen möglichst adäquate Fördermaßnahmen gefunden bzw. integriert werden, die ihren individuellen Bedürfnissen und Möglichkeiten Rechnung tragen. Nicht die zufällige Verfügbarkeit von Fördermaßnahmen, sondern deren systematische Entwicklung und Anbietung wäre die Voraussetzung dafür, begabungsgemäße Förderung zu verwirklichen. Es wäre ideal, wenn jeweils mehrere der oben dargestellten Förderungsformen für hochbegabte Schüler zur Verfügung stehen würden. Die verschiedenen Angebote müßten nicht notwendigerweise an jeder Schule vorhanden sein, sollten sich jedoch in erreichbarer Nähe befinden.

Abschließend soll noch einmal darauf hingewiesen werden, daß zur Förderung hochbegabter Underachiever sich in der Fachliteratur nur äußerst wenige Angaben finden. Zum einen dürfte bei ihnen eine Beratung, die das Selbstbild korrigiert, als auch eine Veränderung der Lernumwelt und der Zugang zu forderndem Unterricht sinnvoll sein (vgl. Fels, Identifizierung und Förderung Hochbegabter 1999, S.208).

7 Evaluation

7.1 Hochbegabte als gesellschaftliche Herausforderung

In der vorliegenden Arbeit wurde deutlich, daß das Auffälligste an der menschlichen Hochbegabung zweifellos die Vielfalt und Variabilität ihrer Erscheinungsbilder wie ihrer Entwicklungsverläufe ist. Sie entzieht sich damit schematischen Definitionen und Modellvorstellungen, einer einfachen Identifikation von Hochbegabung, zuverlässigen Prognosen und standardisierten Förderungsmaßnahmen. Insofern sind hochbegabte Kinder eine interessante gesellschaftliche Herausforderung, der sich Psychologen und Pädagogen, Lehrer und Eltern sowie nicht zuletzt die Bildungspolitiker stellen sollten. "Die Hochbegabten sind gleichermaßen ein Geschenk an die Gesellschaft und eine Herausforderung, der sich keiner entziehen sollte" (Heller, Psychologische Probleme der Hochbegabungsforschung 1986, S.355).

Aus dieser Perspektive heraus wurde in dieser Arbeit insbesondere die Identifikation von hochbegabten Schülern und die Hochbegabtenförderung als integrativer Bestandteil des Erziehungs- und Unterrichtsauftrages der Schule dargestellt. In diesem Zusammenhang wurde die pädagogische Verpflichtung zur Hochbegabtenförderung in der Grundschule insbesondere eingehend in Kapitel 6.1 "Rechtliche und organisatorische Rahmenbedingungen" erläutert. Das Bildungswesen muß demnach ein differenziertes Bildungsangebot und ergänzende Fördermaßnahmen für Hochbegabte enthalten, damit ihre Fähigkeiten, Potentiale und Kräfte sich voll entfalten können. Wenn Hochbegabtenförderung als ein Bestandteil des Bildungswesens in Deutschland zu verstehen ist, dann erscheint es an dieser Stelle sinnvoll, sich die heutige Situation der Hochbegabtenförderung, im Rahmen dieser Arbeit vor allem im Bereich der Grundschule, vor Augen zu führen. In der Fachliteratur finden sich dabei für den Zeitraum ab 1990 kaum Angaben über neu eingerichtete schulische Förderungsmöglichkeiten für Hochbegabte. Einige Hinweise auf aktuelle Entwicklungen finden sich bei Mähler und Hofmann:

- Mit Beginn des Schuljahres 1992/1993 wurde in Königswinter eine Jugenddorf-Christophorusschule für die Klassen 5 und 6 eröffnet (vgl. Mähler / Hofmann, Ist mein Kind hochbegabt? 1998, S.162).
- Seit 1995 werden in der "Kindertagesstätte im Christlichen Jugenddorf Deutschland e.V." in Hannover (eine Einrichtung der Karg-Stiftung) hochbegabte Kinder in einem Kindergarten und hochbegabte Grundschulkinder in einem Hort betreut (vgl. ebd., S.105).
- Im Schuljahr 1997/98 startete ein auf sieben Jahre angelegter Modellversuch "Grundschule Beuthener Straße" in Hannover. Im Anfangsjahr wurden 22 hochbegabte Kinder aus der Kindertagesstätte der Karg-Stiftung in Hannover auf vier erste Klassen verteilt, die jeweils nur bis zu 22 Schüler fassen und zwei Lehrer haben. Der Unterricht findet als offener Unterricht statt und wird durch viele Zusatzangebote ergänzt (vgl. ebd., S.160-161).

Nach eigenen umfangreichen Recherchen kann noch auf folgende Förderungsmöglichkeiten verwiesen werden:

- Eine weitere Kindertagesstätte der Karg-Stiftung ist in Nürnberg im Sommer dieses Jahres fertiggestellt worden (mündliche Information von Frau Ramin, Jugenddorf, Betreuungs- und Begegnungsstätte der Karg-Stiftung Hannover).
- In Rostock bietet die "Freie Schule Rostock" unter der Trägerschaft des Regionalverbandes "Deutsche Gesellschaft für das hochbegabte Kind e.V." seit August 1998 für den Grundschulbereich eine spezielle Hochbegabtenförderung an. In Anlehnung an die Montessori-Pädagogik finden die individuellen Schwächen und Stärken der Schüler in einer integrativen Klasse Berücksichtigung (mündliche Information von Frau Meister, Freie Schule Rostock).
- Die Jugenddorf-Christophorusschule als Privatschule für Hochbegabte bietet seit September 1999 auch für den Grundschulbereich eine erste Klasse für Hochbegabte an. Vorgesehen sind die folgenden Klassen zwei, drei und vier (mündliche Information von Frau Brauers, Jugenddorf-Christophorusschule, Braunschweig).

- Das "Maria-Theresia-Gymnasium" in München hat seit dem Schuljahr 1998/99 zwei Hochbegabtenklassen für die 5. und 6.Klasse eingerichtet (mündliche Information von Frau Billhardt vom Verein Hochbegabtenförderung, Bochum, die auch Autorin des Buches "Hochbegabte - Die verkannte Minderheit" von 1996 ist).

Die Nachforschungen ergaben, daß die obige Darstellung der derzeitigen Situation der Hochbegabtenförderung entspricht, sofern man von Kleinstprojekten absieht. Dies wurde mir nach einem persönlichen Gespräch mit Herrn Dr. Harald Wagner vom Verein Bildung und Begabung in Bonn als Experte der Hochbegabungsforschung bestätigt.

Die Betrachtung dieser jüngsten Entwicklungen zeigt, daß dem Bereich der Hochbegabtenförderung in der Grundschule etwas mehr Beachtung geschenkt wird. Doch kann man noch längst nicht behaupten, daß sich die Hochbegabtenförderung im deutschen Bildungssystem fest etabliert hätte. Da davon ausgegangen werden kann, daß die oben aufgezeigten Bemühungen nur einzelnen Individuen punktuell helfen, aber nicht der Gesamtheit aller hochbegabten Kinder, gehen die Überlegungen zur Hochbegabtenförderung folglich *alle* Lehrer an. Die Förderung Hochbegabter verlangt von *jedem* Lehrer entsprechendes Engagement und großen Arbeitseinsatz, um Berücksichtigung in seinem Unterricht zu finden.

Während in den 80er Jahren das Thema Hochbegabung wieder "entdeckt" wurde und vor allem darüber diskutiert wurde, "ob überhaupt gefördert werden solle", konzentrierten sich die Diskussionen der 90er Jahre hauptsächlich darauf, "wie die Förderung aussehen solle". Nun zu Beginn des neuen Jahrtausends sollte es Ziel sein, die Förderung hochbegabter Kinder als einen wichtigen Bestandteil unseres Bildungssystems konsequent umzusetzen!

7.2 Der aktuelle Handlungs- und Forschungsbedarf

Die Tatsache, daß es hochbegabte Schüler gibt, ist vielen Lehrern nicht oder nur kaum bewußt, weil sich oftmals das Augenmerk der Lehrer vornehmlich auf die Förderung der schwächeren und eher durchschnittlichen Schüler konzentriert (vgl. Flores / Flores, Hochbegabte Schüler sind im Lehrplan nicht vorgesehen! 1985, S.39). Um hier ein Bewußtsein zu schaffen, ist eine verbesserte Information (grundsätzlicher Art und über Handlungsmöglichkeiten im einzelnen) für die Lehrer besonders wichtig, da der Erfolg der Hochbegabtenförderung in der Schule wesentlich von der Lehrerqualifikation abhängt. Diese beginnt während des Studiums, wo qualifizierte Veranstaltungen zum Thema Hochbegabung angeboten werden sollten.[39] Und das ist weiterhin auch wichtig bei Fortbildungsveranstaltungen, wo das Thema ebenfalls behandelt werden sollte. Dabei stellt es eine übersteigerte Forderung dar, daß jeder Lehrer fundierte Kenntnisse über Hochbegabte haben sollte. Wünschenswert wäre es jedoch, wenn an *jeder* Schule ein Lehrer als Experte zu finden wäre. *Jede* Schule bedeutet auch Haupt- und Sonder- sowie berufsbildende Schulen. Dieser kompetente Lehrer, etwa eine Art von Beratungslehrer, sollte Lehrern, Schülern und Eltern zur Verfügung stehen. Eine besonders intensive Hilfestellung sollten dabei die Lehrer der ersten Klasse erhalten.

Innerhalb der öffentlichen und schulpädagogischen Kontroverse stellen die körper- und sinnesbehinderten Hochbegabten ein bislang weitgehend vernachlässigtes Thema dar. Ebenso spielt die soziale Hochbegabung in der Bundesrepublik eine völlig untergeordnete Rolle, vor allem im Vergleich zu den anderen Bereichen der Hochbegabung. Gerade bei dieser erwartet man aber oft, daß sich die entsprechenden Fertigkeiten, wie z.B. anderen Menschen Toleranz und Gerechtigkeit entgegenzubringen, sich verstehend einfühlen zu können oder Konflikte auszugleichen, von selbst entwickeln und daß im Notfall Menschen mit einer solchen spezifischen Begabung anwesend

[39] An der Universität Oldenburg wurde im Fachbereich der Psychologie im Sommersemester 1999 in der Veranstaltung "Diagnostik in der Schule", die insbesondere auf Lehramtsstudenten ausgerichtet war, u.a. die Diagnostik von Hochbegabung thematisiert. Im Wintersemester 1998/99 fand die Veranstaltung "Qualitative Psychodiagnostikforschung", die sich intensiv mit der Hochbegabungsdiagnostik befaßte und sich vor allem an Studenten der Psychologie wandte, statt. Beide Seminare standen unter der Leitung von Frau Dr. Muckel.

sind. In den Lehrplänen sind derartige Lehrziele, die dem affektiven Bereich zuzurechnen sind, durchaus vorhanden; im Unterricht aber treten sie meistens hinter anderen Lehrzielen zurück. Wichtig ist also auch hier, diejenigen, die eine Hochbegabung im sozialen Bereich zeigen, möglichst früh zu ermuntern, ihre Verhaltensweisen stärker auszubilden. Denn den Hochbegabten im sozialen Bereich kommt in unserer Gesellschaft eine wichtige Rolle zu, nicht zuletzt im Hinblick auf eine humanere menschliche Zukunft. So gilt es zu berücksichtigen, daß "diese [soziale] Begabung ... für Lehrer ebenso wichtig [ist], wie für Vorgesetzte ('Führungsqualität'), Ärzte, Diplom-Psychologen oder Verkäufer" (Bundesministerium für Bildung und Wissenschaft, Begabte Kinder finden und fördern 1996, S.12).

Aufgrund der kaum verfügbaren curricularen Materialien für hochbegabte Schüler besteht in diesem Bereich ein enormer Nachholbedarf. Der nicht individuell zu leistenden Entwicklung solcher curricularer Ergänzungsmaterialien kommt nach meiner Auffassung auf allen Jahrgangsstufen für die Hochbegabtenförderung eine Schlüsselrolle zu. Auch wenn man auf Schulbücher höherer Jahrgänge und anderer Texte oder Aufgabensammlungen als verfügbare Materialressourcen zurückgreifen kann, läßt sich diese didaktische Aufgabe nicht mit einigen Lehrerarbeitsgemeinschaften bewältigen, sondern erfordert eine große, koordinierte Anstrengung der pädagogischen Institutionen zur Lehrerfortbildung, kundiger Wissenschaftler und vieler einzelner Lehrkräfte.

7.3 Die Kontroverse um die Hochbegabtenförderung

Die Notwendigkeit der Hochbegabtenförderung ist in der öffentlichen Diskussion auch heute teilweise immer noch umstritten. Zum einen wird argumentiert, daß spezielle Hochbegabtenförderung gegen den Gleichheitsgrundsatz verstoße. Doch nach dem im Grundgesetz garantierten individuellem Recht auf gleiche Bildungschancen hat jeder junge Mensch Anspruch auf eine seinen Fähigkeiten entsprechende Ausbildung. Wenn in der "Internationalen Charta der Rechte des Kindes" festgehalten wird:

- der Anspruch des Kindes auf alle Menschenrechte ohne Unterschied und ohne Ausnahmen,
- der Schutz des Kindes für seine körperliche, geistige und soziale Entwicklung in Freiheit und Würde ...,
- die Verwirklichung gleicher Bildungs- und Entwicklungschancen für alle Kinder ...,

  (aus der "Internationalen Charta der Rechte des Kindes", beschlossen in der 841.UNO-Vollversammlung vom 20.11.1959; zit. n. Urban, Hochbegabte Kinder 1982, S.12)

dann müssen diese Aussagen ganz selbstverständlich in gleicher Weise auf das hochbegabte Kind angewandt werden. Chancengerechtigkeit wird aber nicht durch ein Einheitsprogramm für alle verwirklicht, sondern nur bei einem Angebot, das jedem, auch dem Hochbegabten, die Entwicklung seiner Fähigkeiten und damit die volle Entfaltung seiner Persönlichkeit ermöglicht. Denn gerade die Förderung der individuellen Unterschiede, im Sinne von "jedem *seine* Chance" anstelle von "jedem die gleiche Chance", ist Ausdruck wahrer Chancengleichheit.

Zum anderen wird in der Kritik angeführt, daß Hochbegabung sich von allein durchsetze. Dabei leitet sich die Notwendigkeit spezieller Förderung aus der Erkenntnis ab, daß sich Hochbegabung nicht, wie vielfach vermutet wird, in jedem Fall durchsetzt. Wie alle Kinder brauchen auch Hochbegabte für eine optimale Entwicklung ihrer Fähigkeiten Anregungen und Ermutigung durch die Umwelt. Schulische Unterforderung über längere Zeit kann zu Leistungsschwierigkeiten führen. Da die Anforderungen mühelos erfüllt werden, sinkt das Interesse an den schulischen Angeboten, werden Lerntechniken nicht weiter entwickelt; die Grenzen der eigenen Möglichkeiten und die mit Anstrengung noch erreichbaren Erfolge werden nicht erfahren. Konkurrenz wird kaum oder nicht erlebt, so daß Bewältigungsstrategien für Mißerfolg und Frustration nicht entwickelt werden können.

Darüber hinaus gehe die Hochbegabtenförderung zu Lasten der weniger Begabten, der Behinderten- und der Breitenförderung. Um Fehlentwicklungen jedoch zu verhindern, ist nicht nur bei Lernschwierigkeiten, sondern auch bei besonderer Begabung spezielle Förderung notwendig. Das Argument, daß dadurch die weniger begabten Schüler benachteiligt würden, ist nicht stichhaltig, weil das Recht auf eine seinen Fähigkeiten entsprechende Förderung niemanden abgesprochen werden kann. Auch muß Hochbegabtenförderung nicht zu Lasten der Behindertenförderung erfolgen, wie manche Kritiker argwöhnen. Sie ist vielmehr eine notwendige Ergänzung hierzu, wobei nicht selten nützliche Erkenntnisse für die Sonderpädagogik oder den Regelunterricht erwartet werden können (vgl. Heller, Hochbegabung im Kindes- und Jugendalter 1992, S.28). Der Vorwurf, die Hochbegabtenförderung ginge zu Lasten der Breitenförderung, läßt sich ebenfalls entkräften, denn schließlich können die Hochbegabten nur entdeckt werden, wenn die Bevölkerung in ihrer ganzen Breite gefördert wird.

> Der fruchtbare Boden, auf dem die Früchte der Hochbegabung gedeihen, ist konsequente Breitenförderung. ... Wer nur die Bäume gießen will, die in Zukunft viele Früchte bringen könnten, der wird letztlich überhaupt keine Bäume mehr haben, denn wie sollte er von vornherein wissen, welche Stämmchen die richtigen sind. Und umgekehrt, wer auf keinen Fall Bäume haben will, die den normalen Ertrag übertreffen, der fördert auch die Vielzahl der Setzlinge nicht richtig (Zehetmair, Hochbegabtenförderung – ein notwendiger Dienst an einer demokratischen Gesellschaft 1998, S.18).

Für eine Hochbegabtenförderung sprechen weiterhin die im folgenden aufgezeigten gesellschaftlichen Argumente aus sozial-politischem und politisch-wirtschaftlichem Interesse. Bei vielen Erfindungen der Kulturgeschichte handelt es sich um so grundlegende Errungenschaften, daß niemand in der heutigen westlichen Gesellschaft mehr freiwillig bereit wäre, auf sie zu verzichten. Betrachtet man allein die Entwicklungen während der letzten 150 Jahre auf dem Gebiet der Medizin, so wird schnell deutlich, daß die Gesellschaft ein besonderes Interesse an der Förderung von Hochbegabten haben muß. Bei einer Förderung aus positivem sozial-politischen Interesse muß jedoch auch daran erinnert werden, daß die Befriedigung der individuellen Bedürfnisse und die Entscheidungsfreiheit des einzelnen zu berücksichtigen ist.

Das Argument, daß eine Förderung Hochbegabter auch nationalen wirtschaftlichen Interessen nütze, wird besonders von Regierungsseite immer wieder vorgebracht. Hierbei wird argumentiert, daß sich unsere Gesellschaft zunehmend schneller entwickle und daß die in ihr auftretenden Aufgaben zunehmend komplexer würden. Daraus leite sich ein Bedarf an der Ausbildung von Mitmenschen mit besonderen Potentialen ab (vgl. Wilms, Begrüßungsansprache als Schirmherrin der 6. Weltkonferenz 1986, S.13). "Kein Staat, dessen Handlungsmaxime das gegenwärtige und zukünftige Wohl aller seiner Bürger im internationalen Kontext darstellt, kann es verantworten oder sich leisten, einen großen Teil der intellektuellen, schöpferischen und sozialen Fähigkeiten seiner Kinder unentdeckt und ungefördert zu lassen" (Urban, Hochbegabte Kinder, 1982, S.9). Eine eindeutig ablehnende Haltung zu dieser Position beziehen jedoch nur Bongartz, Kaißer und Kluge: "Wir lehnen es ab, den Mensch der internationalen Wettbewerbsfähigkeit wegen auf eine natürliche Rohstoffquelle zu reduzieren. Für uns ist der Mensch nicht Mittel zum Zweck" (Bongartz / Kaißer / Kluge, Die verborgene Kraft 1985, S.67).

M.E. bestimmen zwei Aspekte die Hochbegabtenförderung: einmal der individuelle Aspekt, der das einzelne Kind mit seinen Eigenarten und Bedürfnissen, mit seinen Wünschen und Nöten in den Mittelpunkt stellt. Bei einer solchen Akzentsetzung darf das hochbegabte Kind nicht ausgeschlossen werden, sondern es hat ebenso ein Anrecht auf bestmögliche Entwicklungschancen und Förderung wie alle anderen Kinder auch. Der andere Aspekt betrifft die Gemeinschaft, in der ein Kind aufwächst. Es ist wünschenswert, besondere Fähigkeiten und Stärken herauszubilden und zum Wohl aller einzusetzen.

Daß diese beiden Gesichtspunkte durchaus miteinander vereinbar sind, hat wiederum William Stern schon 1928 folgendermaßen formuliert:

> Wir stehen vor einer 'Ethisierung der Begabung', die bewirkt, daß einerseits die Allgemeinheit ihre Verpflichtung gegen die in unserer Mitte heranwachsenden Begabungen erkennt, daß aber andererseits auch der einzelne Träger einer besonderen Begabung in ihr nicht einen privaten Vorzug sehen darf, den er genießt, sondern eine besondere Verpflichtung gegen sich selbst und das soziale

Ganze. Es verbinden sich also die beiden großen Ideen der Gleichheit und der Differenzierung zu einem neuen ethischen Ideal: die sittliche Gleichheitsforderung besteht darin, daß allen Menschen die gleiche Möglichkeit gegeben wird, sich nach ihrer Art und gemäß ihren Fähigkeiten in besonderer Weise zu entwickeln (Stern, Die Intelligenz der Kinder und Jugendlichen. Leipzig 1928, S.440 f.).

Zum Abschluß dieser Arbeit möchte ich diesen Gedanken von William Stern aufgreifen und eine zum Nachdenken anregende Fabel, die die Konsequenzen einer falsch verstandenen Chancengerechtigkeit, im Sinne von "jeder ist gleich, deshalb sollen alle gleich behandelt werden" deutlich macht, vorstellen. Aufgrund der individuellen Lern- und Fähigkeitsunterschiede überfordert derjenige, der allen das Gleiche mit den gleichen Methoden in der gleichen Zeit lehren zu können glaubt, die Leistungsschwachen und unterfordert zwangsläufig zugleich die Leistungsstarken:

> Der Esel, der Hund, die Katze und der Hahn bildeten eine Klasse. Und damit es für alle gerecht sei, erhielten sie alle dieselben Aufgabenstellungen. Sie mußten das Klettern und das Tauchen erlernen. Der Esel war völlig unfähig zu klettern, er bekam nicht einmal seine vier Hufe auf einmal an den Baumstamm. Weil er aber wirklich bemüht war, nahm er viele Nachhilfestunden und verzweifelte. Die Katze hatte es da viel besser. Sie kletterte so schnell und so hoch, wie immer der Lehrer sich dies wünschte und fühlte sich gut. Doch das Tauchen wollte und wollte sie nicht begreifen, sondern sie ging schlicht und einfach unter. Da man sie nicht absaufen lassen wollte, mußte der Unterricht immer wieder abgebrochen werden. Man warf ihr Störverhalten und Bockigkeit vor, und vor allem, daß sie asozial sei, weil sie immer wieder das Fortkommen der Gruppe aufhalte. Außerdem konnte man ihr mit Fug und Recht ein Vorbild geben. Schließlich habe der Hund sich auch ordentlich angestrengt und so von allem etwas gelernt. Das war auch die Wahrheit. Der Hund hatte heimlich geübt und geübt. So konnte er jetzt höher an den Baumstamm springen als vorher, man konnte es schon fast für ein Klettern halten. Und beim Schwimmen hielt er immer längere Strecken den Kopf unter Wasser, so daß man sein Bemühen auch als Tauchen deuten konnte. Allerdings hatte er sich bei diesem unentwegten

> Üben von Klettern und Tauchen rheumatische Beschwerden zugezogen, so daß er nicht mehr so gut laufen konnte. Aber es fiel sehr lange nicht auf, weil er den Anforderungen im Unterricht immer noch genügte. Er war eben in allem mittelmäßig; und das ist doch wirklich besser als nichts. Der Hahn dagegen, der sich doch immer wieder mal in klarer Höhenluft bewegte, hatte sich sehr schnell darauf verlegt, seine Fähigkeiten zum Mogeln zu trainieren. Und damit fuhr er eigentlich auch sehr gut. Die Katze aber verkroch sich nach und nach in sich selbst, wurde auch tatsächlich störrisch. Man konnte es ihr geradezu ansehen, wie ihre Bewegungen die Geschmeidigkeit und Koordination verloren. Und eines schönen Tages war es auch mit ihrer Sicherheit im Klettern vorbei, und sie fiel vom Baum. Sie war eben ein Versager. Nachts, wenn die Tiere sich einen Schlafplatz eingerichtet hatten – im Heu, in einem Körbchen, auf einem kuscheligen Fell – und der Hahn saß doch tatsächlich am liebsten auf einer Stange – und aus den Verwirrungen des Tages in einen tiefen Schlaf gefallen waren, dann träumten sie manchmal von einer Schule und der Gerechtigkeit, die ihnen dort widerfahren könnte (Hellert, Der pädagogische Zauberstab "Innere Differenzierung" oder: Brauchen hochbegabte Schüler hochbegabte Lehrer? 1995, S.98).

Die in dieser Fabel beschriebene Schulsituation wird treffend durch die Formulierung des amerikanischen Psychologen Brandwein erfaßt: "Es gibt nichts Ungerechteres, als die gleiche Behandlung von Ungleichen" (Brandwein; zit. n. Bundesministerium für Bildung, Wissenschaft, Forschung und Technologie 1996, S.36).

Literaturverzeichnis

Akademie für Lehrerfortbildung Dillingen (Hrsg.): Besonders begabt - Besonders begabt. Dokumentation des Fortbildungsmodells "Förderung besonders begabter Schülerinnen und Schüler an Grund- und Hauptschule, Realschule und Gymnasium". Dillingen: Selbstverlag 1994 (= Akademiebericht Nr.255).

Ballauff, T. / Hettwer, H. (Hrsg.): Begabungsförderung und Schule. Darmstadt: Wissenschaftliche Buchgesellschaft 1967.

Bayerisches Staatsministerium für Unterricht, Kultus, Wissenschaft und Kunst in Zusammenarbeit mit der BMW AG (Hrsg.): Dokumentation. Kongress Hochbegabtenförderung vom 15.-16. Juli 1998. München: Selbstverlag 1998.

Billhardt, Jutta: Hochbegabte - Die verkannte Minderheit. München: Lexika-Verlag 1996.

Blume, Friedrich: Die Arbeit in der Grundschule. In: Die Arbeit in der Grundschule. Materialdienst 26. (Hrsg.) Gewerkschaft, Erziehung und Wissenschaft. Landesverband Niedersachsen. Hannover: Niedersachsen-Druck 1981, S.19-25.

Böhm, Winfried: Wörterbuch der Pädagogik. Begründet von Wilhelm Hehlmann. 14., überarbeitete Aufl. Stuttgart: Kröner, 1994.

Böttcher, Ilona: Lebenswelt sprachlich unterschiedlich begabter Kinder. Empirische Untersuchung in der Grundschule. Frankfurt am Main, Berlin, Bern, New York: Lang 1994 (= Europäische Hochschulschriften, Reihe 11, Pädagogik 594).

Bongartz, Klaus / Kaißer, Ulrich / Kluge, Karl-J.: Die verborgene Kraft. Hochbegabung – Talentierung - Kreativität. Ansätze – Erfahrungen. Eine Übersicht der Begabtenhilfe sowie zur Vermeidung von benachteiligten Begabten in demokratischen Gesellschaften. München: Minerva-Publikation 1985 (= Berichte zur Erziehungstherapie und Eingliederungshilfe 38, Teil 1).

Breuel, Renate: Kindliche Hochbegabung in der Schule - Erfahrungen aus der Praxis. [In:] Beispiele. In Niedersachsen Schule machen, Seelze, 14. Jahrgang (1996) Heft 1, S.38-48.

Brockhaus – Enzyklopädie. 18.Aufl. Mannheim: Brockhaus 1992 (= Band 19).

Bundesministerium für Bildung und Wissenschaft (Hrsg.): Förderung besonders Begabter. Zwischenbilanz und Perspektiven. Bonn: Bundesministerium für Bildung und Wissenschaft 1986 (= Schriftenreihe Grundlagen und Perspektiven für Bildung und Wissenschaft, Band 35).

Bundesminister für Bildung und Wissenschaft (Hrsg.): Hochbegabung - Gesellschaft – Schule. Ausgewählte Beiträge aus der 6. Weltkonferenz über hochbegabte und talentierte Kinder in Hamburg vom 5. bis 9. August 1985. Bad Honnef: Bock 1986 (= Schriftenreihe Studien zu Bildung und Wissenschaft 35).

Bundesministerium für Bildung und Wissenschaft, Forschung und Technologie (Hrsg.): Begabte Kinder finden und fördern. Ein Ratgeber für Eltern und Lehrer. Bonn: Selbstverlag 1985.

Bundesministerium für Bildung und Wissenschaft, Forschung und Technologie (Hrsg.): Begabte Kinder finden und fördern. Ein Ratgeber für Eltern und Lehrer. Bonn: Selbstverlag 1996.

Busemann, A.: Höhere Begabung. 2.Aufl. Ratingen: Aloys Henn Verlag 1955.

Chauvin, Rémy: Die Hochbegabten. Wie erkennen und fördern wir überdurchschnittlich begabte Kinder? Eine Aufgabe für Eltern und Lehrer. Bern, Stuttgart: Haupt 1979 (= Schriftenreihe Erziehung und Unterricht, Heft 23).

Christiani, Reinhold: Auch die leistungsstarken Kinder fördern. Frankfurt am Main: Cornelsen Scriptor 1994 (= Lehrer-Bücherei: Grundschule).

Cronauge, Inga: Eine Chance für die Begabten. Hospitation in einer jahrgangsübergreifenden Klasse der Montessori-Schule. [In:] PÄD Forum. PÄD EXTRA + Pädagogisches Forum, Baltmannsweiler, 25./10.Jahrgang (1997) Heft 2, S.153-154.

Cropley, Arthur J.: Unterricht ohne Schablone. Wege zur Kreativität. Ravensburg: Maier 1978.

Drewelow, Horst: Begabungsförderung in der Schule. In: Begabung und Hochbegabung. Theoretische Konzepte- Empirische Befunde- Praktische Konsequenzen. Hrsg. E.A. Hany und H. Nickel. Bern, Göttingen, Toronto, Seattle: Huber 1992, S.170-194.

Drewelow, Horst: Schulische Begabungsförderung und ihre Grenzen. In: Begabung im Spannungsfeld von Bildung und Beruf. Hrsg. Rudolf Manstetten. Bad Heilbrunn: Klinkhardt 1992, S.137-148.

Education of the gifted and talented. Vol. 1. Report to the Congress of the United States by the U.S. Commissiones of Education. Washington, D.C.: U.S. Government Printing Office 1972.

Empfehlung 1248 des Europarates (1994) zur Erziehung hochbegabter Kinder. In: Förderung besonderer Begabungen. Demokratischer Anspruch – Pädagogische Herausforderung von Klaus K. Urban. Rodenberg: klausur-verlag 1996 (= Veröffentlichungsreihe des "Arbeitskreises Begabungsforschung und Begabungsförderung e.V."), S.12-13.

Ewert, O.: Erich Stern und die pädagogische Psychologie im Nationalsozialismus. In: Psychologie im Nationalsozialismus. Hrsg. C.F. Graumann. Berlin, Heidelberg, New York, Tokyo: Springer-Verlag 1985, S.197-219.

Feger, Barbara: Hochbegabungsforschung und Hochbegabtenförderung in Deutschland. Ein Überblick über 100 Jahre. In: Hochbegabung - Gesellschaft – Schule. Ausgewählte Beiträge aus der 6. Weltkonferenz über hochbegabte und talentierte Kinder in Hamburg vom 5. bis 9. August 1985. Hrsg. Bundesminister für Bildung und Wissenschaft. Bad Honnef: Bock 1986 (= Schriftenreihe Studien zu Bildung und Wissenschaft 35), S.67-80.

Feger, Barbara: Hochbegabung. Chancen und Probleme. Bern, Stuttgart, Toronto: Huber 1988.

Feger, Barbara: Bedürnisse, Wünsche und Hoffnungen besonders begabter Kinder – Erkenntnisse aus den Beratungsstellen. In: Schulpsychologischer Dienst: Die Entwicklung von Begabungen in der Grundschule. Tagungsdokumentation der Lehrerfortbildung. Köln: Selbstverlag 1991, S.13-14.

Fels, Christian: Identifizierung und Förderung Hochbegabter in den Schulen der Bundesrepublik Deutschland. Bern, Stuttgart, Wien: Verlag Paul Haupt 1999 (= Schulpädagogik- Fachdidaktik- Lehrerbildung, Band 2).

Flores, Margrit / Flores, Rudolf: Hochbegabte Schüler sind im Lehrplan nicht vorgesehen! – Kritische Anmerkungen zum Schulalltag – In: Die verborgene Kraft. Hochbegabung – Talentierung - Kreativität. Ansätze – Erfahrungen. Eine Übersicht der Begabtenhilfe sowie zur Vermeidung von benachteiligten Begabten in demokratischen Gesellschaften. Hrsg. Dov Gafni, Karl-J. Kluge und Klaus Weinschenk. München: Minerva-Publikation 1985 (= Berichte zur Erziehungstherapie und Eingliederungshilfe 39, Teil 2), S.39-48.

Freeman, Joan: Ist hohe Intelligenz ein Handicap? In: Hochbegabte Kinder. Psychologische, pädagogische, psychiatrische u. soziologische Aspekte. Hrsg. Klaus K. Urban. Heidelberg: Schindele 1982, S.123-130.

Freeman, Joan: Geleitwort. In: Begabung und Hochbegabung. Theoretische Konzepte - Empirische Befunde - Praktische Konsequenzen. Hrsg. E.A. Hany und H. Nickel, Bern, Göttingen, Toronto, Seattle: Huber 1992, S.X-XII.

Gafni, Dov / Kluge, Karl-J. / Weinschenk, Klaus (Hrsg.): Die verborgene Kraft. Hochbegabung – Talentierung - Kreativität. Ansätze – Erfahrungen. Eine Übersicht der Begabtenhilfe sowie zur Vermeidung von benachteiligten Begabten in demokratischen Gesellschaften. München: Minerva-Publikation 1985 (= Berichte zur Erziehungstherapie und Eingliederungshilfe 39, Teil 2).

Gagné, Françoys: Constructs and models pertaining to exceptional human abilities, In: International Handbook of Research and Development of Giftedness and Talent. Hrsg. K.A. Heller, F.J. Mönks und A.H. Passow. Oxford: Pergamon 1993, S.69-87.

Geuß, Herbert: Zur Problematik der Identifikation von Hochbegabung. In: Das hochbegabte Kind. Hrsg. Wilhelm Wieczerkowski und Harald Wagner. Düsseldorf: Pädagogischer Verlag Schwann 1981, S.52-67.

Gruber, Hans / Mandl, Heinz: Begabung und Expertise. In: Begabung und Hochbegabung. Theoretische Konzepte - Empirische Befunde - Praktische Konsequenzen. Hrsg. E.A. Hany und H. Nickel. Bern: Huber 1992, S.59-73.

Grundgesetz für die Bundesrepublik Deutschland. (Hrsg.): Bundeszentrale für politische Bildung. Bonn: Clausen & Bosse 1993.

Hagen, Elizabeth: Die Identifizierung Hochbegabter. Grundlagen der Diagnose außergewöhnlicher Begabungen. Heidelberg: Asanger 1989.

Handbuch der deutschen Bildungsgeschichte. 1945 bis zur Gegenwart. Hrsg. Christa Berg u.a. München: Beck 1998 (= Band VI, Erster Teilband Bundesrepublik Deutschland).

Hany, Ernst A.: Modelle und Strategien zur Identifikation hochbegabter Schüler.- München, Ludwig- Maximilians - Universität zu München, Philosophie, Dissertation 23.07.1987.

Hany, Ernst A.: Sind Lehrkräfte bei der Identifikation hochbegabter Schüler doch besser als Tests? Eine Untersuchung mit neuen Methoden. [In:] Psychologie in Erziehung und Unterricht, München, 38. Jahrgang (1991), S.37-50.

Hany, Ernst A. / Heller, Kurt A.: Gegenwärtiger Stand der Hochbegabungsforschung. Replik zum Beitrag Identifizierung von Hochbegabung. [In:] Zeitschrift für Entwicklungspsychologie und Pädagogische Psychologie, Göttingen, Band XXIII (1991) Heft 3, S.241-249.

Hany, Ernst A. / Nickel, Horst (Hrsg.): Begabung und Hochbegabung. Theoretische Konzepte - Empirische Befunde - Praktische Konsequenzen. Bern: Huber 1992.

Hany, Ernst A.: Eines schickt sich nicht für alle: Eine Führung durch das Methodenarsenal der Begabtenförderung. In: Begabung und Leistung in der Schule. Modelle der Begabtenförderung in Theorie und Praxis. Hrsg. Harald Wagner. Bad Honnef: Bock 1995, S.52-75.

Hany, Ernst A. / Schaarschmidt, Uwe: Begabte Kinder – eine gleichzeitige Herausforderung für die wissenschaftliche und pädagogische Arbeit. In: Leben, Lernen und Lehren in der Grundschule. Hrsg. Joachim Lompscher u.a. Neuwied u.a.: Luchterhand 1997 (= Praxishilfen Schule), S.312-328.

Heinbokel, Annette: Hochbegabte. Erkennen, Probleme, Lösungswege. Baden-Baden: Nomos Verlag-Ges. 1988.

Heinbokel, Annette: Überspringen von Klassen. Hochbegabte. Münster: Lit 1996 (= Individuum – Schule – Gesellschaft 1).

Helbig, Paul: Begabung im pädagogischen Denken. Ein Kernstück anthropologischer Begründung von Erziehung. Weinheim, München: Juventa 1988.

Heller, Kurt A.: Psychologische Probleme der Hochbegabungsforschung. [In:] Zeitschrift für Entwicklungspsychologie und pädagogische Psychologie, Göttingen, Band XVIII (1986) Heft 4, S.335-361.

Heller, Kurt A.: Möglichkeiten und Grenzen der Diagnostik von Hochbegabung. In: Die Förderung Hochbegabter in der Bundesrepublik Deutschland: Probleme, Positionen, Perspektiven. Hrsg. Bildung und Begabung e.V., Franz E. Weinert und Harald Wagner. Bad Honnef: Bock 1987, S.106- 120.

Heller, Kurt A.: Zielsetzung, Methode und Ergebnisse der Münchner Längsschnittstudie zur Hochbegabung. [In:] Psychologie in Erziehung und Unterricht, München, 37.Jahrgang (1990) S.85-100.

Heller, Kurt A. (Hrsg.): Begabungsdiagnostik in der Schul- und Erziehungsberatung. Bern, Göttingen, Toronto: Huber 1991.

Heller, Kurt A. (Hrsg.): Hochbegabung im Kindes- und Jugendalter. Göttingen: Hogrefe 1992.

Heller, Kurt A. / Mönks, Franz J. / Passow, A.H. (Hrsg.): International Handbook of Research and Development of Giftedness and Talent. Oxford: Pergamon 1993.

Heller, Kurt A.: Hochbegabung im Kinder- und Jugendalter. In: Besonders begabt - Besonders begabt. Hrsg. Akademie für Lehrerfortbildung Dillingen. Dillingen: Selbstverlag 1994, S.41-52.

Heller, Kurt A.: Begabungsdefinition, Begabungserkennung und Begabungsförderung im Schulalter. In: Begabung und Leistung in der Schule. Modelle der Begabtenförderung in Theorie und Praxis. Hrsg. Harald Wagner. Bad Honnef: Bock 1995, S.6-34.

Hellert, Ursula: Der pädagogische Zauberstab "Innere Differenzierung" oder: Brauchen hochbegabte Schüler hochbegabte Lehrer? In: Begabung und Leistung in der Schule. Modelle der Begabtenförderung in Theorie und Praxis. Hrsg. Harald Wagner. Bad Honnef: Bock 1995, S.98-108.

Hinz, Renate: "Wenn ich ein Schulkind bin!" Schulanfang gestern und heute. Oldenburg: Zentrum für pädagogische Berufspraxis 1996 (= Oldenburger Vor-Drucke 280/96, Teil 1).

Hochbegabtenförderung in der beruflichen Schule. Workshop. Werner Kusch u.a. In: Dokumentation. Kongress Hochbegabtenförderung vom 15.-16. Juli 1998. Hrsg. Bayerisches Staatsministerium für Unterricht, Kultus, Wissenschaft und Kunst in Zusammenarbeit mit der BMW AG. München: Selbstverlag 1998, S.275-293.

Hochbegabtenförderung in der Grundschule. Workshop. Arthur Cropley u.a. In: Dokumentation. Kongress Hochbegabtenförderung vom 15.-16. Juli 1998. Hrsg. Bayerisches Staatsministerium für Unterricht, Kultus, Wissenschaft und Kunst in Zusammenarbeit mit der BMW AG. München: Selbstverlag 1998, S.247-263.

Hoyningen-Süess, Ursula / Lienhard, Peter (Hrsg.): Hochbegabung als sonderpädagogisches Phänomen. Luzern: Edition Schweizerische Zentralstelle für Heilpädagogik 1998.

Ingenkamp, Karlheinz (Hrsg.): Die Fragwürdigkeit der Zensurengebung. Weinheim, Berlin, Basel, Wien: Beltz 1971.

Internationaler Arbeitskreis Sonnenberg / Heitzer, Manfred u.a. (Hrsg.): Hochbegabte in unserem Bildungssystem. Dokumentation zur Internationalen Sonnenberg Tagung vom 6. bis 12.11.1983. Wolfenbüttel: Fischer Druck + Verlag 1984.

Juda, A.: Höchstbegabung. Ihre Erbverhältnisse sowie ihre Beziehungen zu psychischen Anomalien. München, Berlin: Urban & Schwarzenberg 1953.

Jurack, Tobias: Stand und Perspektiven der psychologischen Begabungsforschung. Ein Beitrag aus handlungspsychologischer Sicht. – Zwickau, Pädagogische Hochschule, Habilitation 15.4.1992.

Kießwetter, Karl: Bemerkungen zum Thema "hochbegabt". In: Hochbegabte in unserem Bildungssystem. Dokumentation zur Internationalen Sonnenberg Tagung vom 6. bis 12.11.1983. Hrsg. Internationaler Arbeitskreis Sonnenberg. Wolfenbüttel: Fischer Druck + Verlag 1984, S.31-32.

Klafki, Wolfgang: Neue Studien zur Bildungstheorie und Didaktik. Beiträge zur kritisch-konstruktiven Didaktik. Weinheim, Basel: Beltz 1985.

Kornadt, H. J.: Hochbegabte in der normalen Schule. Förderung notwendig oder überflüssig? In: Besondere Begabungen in der normalen Schule. Forschung, Beratung, pädagogischer Auftrag. Hrsg. H.G. Bartenwerfer. Frankfurt am Main: Gesellschaft zur Förderung pädagogischer Forschung 1988 (Band 18), S.1-32.

Kultusministerkonferenz: Gemeinsame Erklärung der Länder und des Bundes zur Förderung bundesweiter Wettbewerbe im Bildungswesen. KMK Erg.-Lfg. 56 vom 19.6.1985 / Beschluß vom 14.9.1984 (35).

Lukesch, Helmut: Einführung in die Pädagogische Psychologie. 2.Aufl. Regensburg: CH-Verlag 1995 (= Psychologie in der Lehrerausbildung, Band 1).

Mähler, Bettina / Hofmann, Gerlinde: Ist mein Kind hochbegabt? Besondere Fähigkeiten erkennen, akzeptieren und fördern. Hrsg.: Bernhard Schön und Horst Speichert. Reinbek bei Hamburg: Rowohlt Taschenbuch Verlag 1998 (= rororo Mit Kindern leben).

Matarazzo, Joseph D.: Die Messung und Bewertung der Intelligenz Erwachsener nach Wechsler. Hrsg.: Dietrich Eggert. Bern, Stuttgart, Wien: Verlag Hans Huber 1982.

Mehlhorn, Hans-Georg / Urban, Klaus K. (Hrsg.): Hochbegabtenförderung international. Mit einem Geleitwort von A. Harry Passow. Köln, Wien: Böhlau 1989 (= Bildung und Erziehung: Beiheft 6).

Meister, Johannes-Jürgen: Hochbegabte an deutschen Universitäten. Probleme und Chancen ihrer Förderung. Hrsg.: Bayerisches Staatsinstitut für Hochschulforschung und Hochschulplanung. München: Selbstverlag 1992 (= 32).

Meyenberg, Rüdiger: Schule und Recht in Niedersachsen. Eine Sammlung der wichtigsten Rechts- und Verwaltungsvorschriften. Hannover: Hahn 1996 (= Schulpraxis).

Microsoft Encarta Enzyklopädie Plus 99, Computer-Software, CD-ROM 1999.

Mönks, Franz J.: Beiträge zur Begabtenforschung im Kindes- und Jugendalter. In: Archiv für die gesamte Psychologie. Hrsg. H. Düker u.a. Frankfurt am Main: Akad. Verl.-Ges. 1963 (= Band 115), S.362-382.

Mönks, Franz J.: Entwicklungspsychologische Aspekte der Hochbegabtenforschung. In: Das hochbegabte Kind. Hrsg. Wilhelm Wieczerkowski und Harald Wagner. Düsseldorf: Pädagogischer Verlag Schwann 1981, S.38-51.

Mönks, Franz J.: Hochbegabte in den Niederlanden: Forschung und Praxis. In: Hochbegabtenförderung international. Hrsg. Hans-Georg Mehlhorn und Klaus K. Urban. Mit einem Geleitwort von A. Harry Passow. Köln, Wien: Böhlau 1989 (= Bildung und Erziehung: Beiheft 6), S.117-128.

Mönks, Franz J.: Kann wissenschaftliche Argumentation auf Aktualität verzichten? [In:] Zeitschrift für Entwicklungspsychologie und Pädagogische Psychologie, Göttingen, Band XXIII (1991) Heft 3, S.232-240.

Mönks, Franz J.: Ein interaktionales Modell der Hochbegabung. In: Begabung und Hochbegabung. Theoretische Konzepte - Empirische Befunde - Praktische Konsequenzen. Hrsg. Ernst A. Hany und Horst Nickel. Bern: Huber 1992, S.17-22.

Mönks, Franz J. / Ypenburg, Irene H.: Unser Kind ist hochbegabt. Ein Leitfaden für Eltern und Lehrer. München, Basel: E. Reinhardt 1993.

Mönks, Franz J.: Hochbegabung. Ein Mehrfaktorenmodell. [In:] Grundschule. Besondere Begabungen, Braunschweig, 28.Jahrgang (1996) Heft 5, S.15-17.

Niedersächsisches Gesetz- und Verordnungsblatt. Haushaltsbegleitgesetz 1999. Hannover: Schlüter 1999 (= 53.Jahrgang, H 5321, Nr.2).

Niedersächsisches Kultusministerium (Hrsg.): Niedersächsisches Schulgesetz in der Fassung vom 03.03.1998. Hannover: Hahn 1998.

Persönlichkeitsentwicklung Hochbegabter. Aspekte, Forschungsergebnisse, -probleme. Mehlhorn, Hans-Georg u.a. Berlin: Volk und Wissen 1988.

Piaget, Jean: Sprechen und Denken des Kindes. Düsseldorf: Schwann 1972.

Piaget, Jean: Urteil und Denkprozeß des Kindes. Düsseldorf: Schwann 1972.

Pinnow, Ulrich: "Schüler-Uni": ein Enrichmentprogramm für Kinder und Jugendliche mit besonderen Bedürfnissen, Fähigkeiten und hoher Motivation. München: Minerva-Publ. 1989 (= Berichte zur Erziehungstherapie und Eingliederungshilfe, 52).

Pokall, Hans-Jürgen: Förderung besonderer Begabungen im allgemeinbildenden Schulwesen. In: Die Förderung Hochbegabter in der Bundesrepublik Deutschland: Probleme, Positionen, Perspektiven. Hrsg. Bildung und Begabung e.V. von Franz E. Weinert u. Harald Wagner. Bad Honnef: Bock 1987, S.29-39.

Politt, Brigitte: Erfahrungen aus dem Modellversuch Vorschule. [In:] Beispiele. In Niedersachsen Schule machen, Seelze, 14. Jahrgang (1996) Heft 1, S.74-76.

Ponjaert-Kristoffersen, I. / Klerkx J.: Diagnostische Probleme bei der Früherkennung von Hochbegabung. In: Hochbegabte Kinder. Psychologische, pädagogische, psychiatrische und soziologische Aspekte. Hrsg. Klaus K. Urban. Heidelberg: Schindele 1982, S.64-72.

Reichold, Klaus / Steinhöfel, Wolfgang: Konzepte der Begabungsentwicklung im Schulalter. In: Zum Andenken an Klaus Reichold. Hrsg. Otto Lange. o.O.: Selbstverlag 1995 (= Beiheft zur Arbeitskreis Begabungsforschung und Begabungsförderung-Information Nr.13), S.24-38.

Reitmajer, Valentin (Hrsg.): Pluskurs. Anregungen für die Gestaltung von Pluskursen für besonders begabte Schülerinnen und Schüler an den Gymnasien in Bayern. München: Staatsinstitut für Schulpädagogik und Bildungsforschung 1990.

Reitmajer, Valentin / Santl, Monika: Interviews mit Überspringern. In: Besonders begabt - Besonders begabt. Hrsg. Akademie für Lehrerfortbildung Dillingen. Dillingen: Selbstverlag 1994, S.250-254.

Renzulli, J.S.: What makes giftedness? Reexaminig a defintion. [In:] Journal Phi Delta Kappan, 60 (1978), S.180-184.

Renzulli, J.S. / Reis, S.M. / Smith, L.H.: The Revolving Door Identification Model. Mansfield Center, Connecticut: Creative Learning Press 1981.

Roedell, W.C. / Jackson, N.E. / Robinson, H.B.: Gifted young children. New York: Teachers College Press 1980.

Rosenthal, R. / Jacobson, L.: Pygmalion im Klassenzimmer. 3. Aufl. Weinheim: Beltz 1976.

Rost, Detlef (Hrsg.): Begabung und Begabungsförderung. Entfaltungschancen für alle Kinder! Heidelberg: Asanger 1988.

Rost, Detlef (Hrsg.): Hochbegabung in der Kindheit. Besonders begabte Kinder im Vor- und Grundschulalter. Heidelberg: Asanger 1989 (= Begabungs- und Persönlichkeitsforschung).

Rost, Detlef: Identifizierung von "Hochbegabung". [In:] Zeitschrift für Entwicklungspsychologie und Pädagogische Psychologie, Göttingen, Band XXIII (1991) Heft 3, S.197-231.

Rost, Detlef (Hrsg.): Lebensumweltanalyse hochbegabter Kinder. Das Marburger Hochbegabtenprojekt. Göttingen, Bern, Toronto, Seattle: Hogrefe Verlag für Psychologie 1993 (= Ergebnisse der Pädagogischen Psychologie, Band 11).

Roth, Heinrich (Hrsg.): Begabung und Lernen. Ergebnisse und Folgerungen neuer Forschungen. Gutachten und Studien der Bildungskommission. Deutscher Bildungsrat, Band 4. Stuttgart: Klett 1969.

Rückert, Jürgen: Hochbegabte Kinder in der Grundschule: Ein Projekt und erste Ergebnisse. In: Begabungen entwickeln, erkennen und fördern. Hrsg. Klaus K. Urban. Hannover: Universität Hannover / FB Erziehungswissenschaften I 1992 (= Theorie und Praxis, Band 43), S.167-172.

Santl, Monika / Reitmajer, Valentin: Überspringen einer Jahrgangsstufe als Fördermaßnahme für besonders begabte Schülerinnen und Schüler. Interviews mit ehemaligen Überspringern. Hrsg.: Staatsinstitut für Schulpädagogik und Bildungsforschung. München: Selbstverlag 1991 (ISB- Arbeitsbericht Nr.224).

Schlichte-Hiersemenzel, Barbara: Unterstützungsmöglichkeiten auf dem Weg zu einem positiven Selbstkonzept. In: Leben mit hochbegabten Kindern. Hrsg. Deutsche Gesellschaft für das hochbegabte Kind e.V. überarbeitete Neuauflage. Berlin: Selbstverlag 1996, S.44-45.

Schlichte-Hiersemenzel, Barbara: Schul- und Entwicklungsschwierigkeiten hochbegabter Kinder. [In:] Gymnasium in Niedersachsen, Hannover, 45 (1997) Heft 1-2, S.13-17.

Schmidt, Martin H.: Verhaltensstörungen bei Kindern mit sehr hoher Intelligenz. Bern: Huber 1977.

Schneider, Wolfgang: Von Hochbegabung zur Leistungselite. In: Dokumentation. Kongress Hochbegabtenförderung vom 15.-16. Juli 1998. Hrsg. Bayerisches Staatsministerium für Unterricht, Kultus, Wissenschaft und Kunst in Zusammenarbeit mit der BMW AG. München: Selbstverlag 1998, S.203-225.

Schulpsychologischer Dienst der Stadt Köln: Modellversuch. Entwicklung und Erprobung von Konzepten der Lehrer-, Eltern- und Schulumfeldberatung zur integrierten und individualisierten Förderung besonderer Begabungen im Grundschulbereich. Bericht über die Podiumsdiskussion "Rechtzeitige Einschulung" Köln: Selbstverlag 1992.

Schulpsychologischer Dienst der Stadt Köln: Abschlußbericht über einen Modellversuch. Entwicklung und Erprobung von Konzepten der Lehrer-, Eltern- und Schulumfeldberatung zur integrierten und individualisierten Förderung besonderer Begabungen im Grundschulbereich. Köln: Selbstverlag 1993.

Schulverwaltungsblatt für Niedersachsen. Amtsblatt des Niedersächsischen Kultusministers für Schule und Schulverwaltung: Die Arbeit in der Grundschule. Hannover: Hahn 1981 (= 33.Jahrgang, Heft 5), S.112-119.

Schulverwaltungsblatt für Niedersachsen. Amtsblatt des Niedersächsischen Kultusministeriums für Schule und Schulverwaltung: Verordnung über Versetzungen, Aufrücken, Übergänge und Überweisungen an allgemeinbildenden Schulen (Versetzungsverordnung). Hannover: Hahn 1995 (= 47.Jahrgang, Heft 7), S.182-186.

Schulverwaltungsblatt für Niedersachsen. Amtsblatt des Niedersächsischen Kultusministeriums für Schule und Schulverwaltung: Änderung der Ergänzenden Bestimmungen zur Versetzungsverordnung. Hannover: Hahn 1999 (= 51.Jahrgang, Heft 7), S.148.

Spahn, Christine: Wenn die Schule versagt. Vom Leidensweg hochbegabter Kinder. Asendorf: Mut-Verlag 1997.

Stamm, Margrit: Hochbegabungsförderung in den Deutschschweizer Volksschulen. Historische Entwicklung, Zustandsanalyse, Entwicklungsplan. - Zürich, Universität Zürich, Philosophische Fakultät I, Dissertation 1992.

Stapf, Aiga / Stapf, Kurt: Berichte aus dem psychologischen Institut der Universität Tübingen. Tübingen: Selbstverlag 1986 (= Entwicklungspsychologische und sozialisationstheoretische Perspektiven der Hochbegabtenforschung, Nr.22).

Stapf, Aiga / Stapf, Kurt: Kindliche Hochbegabung in entwicklungspsychologischer Sicht. [In:] Psychologie in Erziehung und Unterricht, München, Basel, 35.Jahrgang (1988), S.1-17.

Stapf, Aiga: Hochbegabte Kinder in Kindergarten und Schule. In: Begabungsforschung und Begabtenförderung in Deutschland 1980-1990-2000. Hrsg. Harald Wagner. Bad Honnef: Bock 1990, S.83-90.

Staudacher, Maria / Geisler, Hans-Jürgen: Überspringen in der Grundschule. In: Besonders begabt - Besonders begabt. Hrsg. Akademie für Lehrerfortbildung Dillingen. Dillingen: Selbstverlag 1994, S.242-254.

Stern, William: Psychologische Begabungsforschung und Begabungsdiagnose. In: Der Aufstieg der Begabten. (Hrsg.) Peter Petersen. Leipzig, Berlin: Teubner 1916, S.105-120.

Stern, William: Die Intelligenz der Kinder und Jugendlichen. Leipzig: Verlag von J.A. Barth 1928.

Sternberg, R.J.: Procedures for identifying intellectual potential in the gifted: A perspective on alternative "Metaphors of Mind". In: International Handbook of Research and Development of Giftedness and Talent. Hrsg. K.A. Heller, F.J. Mönks und A.H. Passow. Oxford: Pergamon 1993, S.185-208.

Terrassier, J-C.: Das Asynchronie-Syndrom und der negative Pygmalion-Effekt. In: Hochbegabte Kinder. Psychologische, pädagogische, psychiatrische und soziologische Aspekte. Hrsg. Klaus K. Urban. Heidelberg: Schindele 1982, S.92-97.

Tettenborn, Annette: Familien mit hochbegabten Kindern. Hrsg.: Detlef H. Rost. Münster, New York: Waxmann Verlag GmbH 1996 (= Pädagogische Psychologie und Entwicklungspsychologie, Band 1).

Torrance, P.E.: Hochbegabte Kinder identifizieren. In: Hochbegabte Kinder. Psychologische, pädagogische, psychiatrische und soziologische Aspekte. Hrsg. Klaus K. Urban. Heidelberg: Schindele 1982, S.56-63.

Urban, Klaus K.: Zur Geschichte der Hochbegabtenforschung. In: Das hochbegabte Kind. Hrsg. Wilhelm Wieczerkowski und Harald Wagner. Düsseldorf: Pädagogischer Verlag Schwann 1981, S.15-37.

Urban Klaus K. (Hrsg.): Hochbegabte Kinder. Psychologische, pädagogische, psychiatrische und soziologische Aspekte. Heidelberg: Schindele 1982.

Urban, Klaus K.: Hochbegabtenerziehung weltweit. Ein internationaler Aus- und Überblick über schulische und außerschulische Programme und Modelle. Hrsg.: Der Bundesminister für Bildung und Wissenschaft. Bad Honnef: Bock 1984 (= Studien zu Bildung und Wissenschaft, 9).

Urban, Klaus K.: Zur Förderung besonders Begabter in der BRD. In: Hochbegabtenförderung international. Hrsg. Hans-Georg Mehlhorn und Klaus K. Urban. Mit einem Geleitwort von A. Harry Passow. Köln, Wien: Böhlau 1989 (= Bildung und Erziehung: Beiheft 6), S.150-173.

Urban, Klaus K.: Besonders begabte Kinder im Vorschulalter. Grundlagen und Ergebnisse pädagogisch - psychologischer Arbeit. Heidelberg: HVA / Edition Schindele 1990.

Urban Klaus K.: Kreativität in der Schule. Oldenburg: Zentrum für pädagogische Berufspraxis 1991 (= Oldenburger Vor-Drucke 139/91).

Urban, Klaus K.: Begabungsförderung im Vorschulalter. In: Begabung und Hochbegabung. Theoretische Konzepte - Empirische Befunde - Praktische Konsequenzen. Hrsg. E.A. Hany und H. Nickel. Bern: Huber 1992, S.159-169.

Urban, Klaus K.: Besondere Begabung – Förderung in der BRD, Begriffsentwicklung und konzeptuelle Grundlegung. In: Begabungen entwickeln, erkennen und fördern. Hrsg. Klaus K. Urban. Hannover: Universität Hannover / FB Erziehungswissenschaften I 1992 (= Theorie und Praxis, Band 43), S.13-21.

Urban, Klaus, K.: Förderung besonderer Begabungen. Demokratischer Anspruch – Pädagogische Herausforderung. Rodenberg: klausur-verlag 1996 (Veröffentlichungsreihe des "Arbeitskreises Begabungsforschung und Begabungsförderung e.V.").

Urban, Klaus K.: Methodisch-didaktische Möglichkeiten der (integrativen) schulischen Förderung von besonders begabten Kindern. [In:] Beispiele. In Niedersachsen Schule machen, Seelze, 14. Jahrgang (1996) Heft 1, S.29-35.

Urban, Klaus K.: Besondere Begabungen in der Schule. [In:] Beispiele. In Niedersachsen Schule machen, Seelze, 14. Jahrgang (1996) Heft 1, S.21-28.

Uszkurat, Bruno: Zur Förderung von Hochbegabten im Gymnasium. In: Hochbegabte in unserem Bildungssystem. Hrsg. Internationaler Arbeitskreis Sonnenberg, Manfred Heitzer u.a. Wolfenbüttel: Fischer Druck + Verlag 1984, S.159-164.

Uszkurat, Bruno: Schulische Förderungsmöglichkeiten für Hochbegabte. In: Hochbegabung - Gesellschaft – Schule. Ausgewählte Beiträge aus der 6. Weltkonferenz über hochbegabte und talentierte Kinder in Hamburg vom 5. bis 9. August 1985. Hrsg. Bundesminister für Bildung und Wissenschaft. Bad Honnef: Bock 1986
(= Schriftenreihe Studien zu Bildung und Wissenschaft 35), S.158-171.

"Vulkan" – Gemeinnütziger Verein zur Förderung hochbegabter Kinder in Weser-Ems e.V. (Hrsg.): Vereinsbroschüre. Selbstverlag: Rhauderfehn 1999.

Wagner, Harald (Hrsg.): Begabung und Leistung in der Schule. Modelle der Begabtenförderung in Theorie und Praxis. Bad Honnef: Bock 1995.

Wagner, Harald: Erkennung hoch begabter Kinder und Jugendlicher. In: Dokumentation. Kongress Hochbegabtenförderung vom 15.-16. Juli 1998. Hrsg. Bayerisches Staatsministerium für Unterricht, Kultus, Wissenschaft und Kunst in Zusammenarbeit mit der BMW AG. München: Selbstverlag 1998, S.107-124.

Waldmann, Michael / Weinert, Franz E.: Intelligenz und Denken. Perspektiven der Hochbegabungsforschung. Göttingen, Toronto, Zürich: Verlag für Psychologie Hogrefe 1990.

Webb, J.T. / Meckstroth, E.A. / Tolan, S.S.: Hochbegabte Kinder – ihre Eltern, ihre Lehrer. Ein Ratgeber. Bern, Stuttgart, Toronto: Huber 1985.

Wegner, Reinhard: Zur Problematik des Begabungsbegriffes. [In:] Grundschule. Besondere Begabungen, Braunschweig, 28.Jahrgang (1996) Heft 5, S.18-20.

Weinert, Franz E. / Wagner, Harald (Hrsg.): Die Förderung Hochbegabter in der Bundesrepublik Deutschland: Probleme, Positionen, Perspektiven. Bad Honnef: Bock 1987.

Weinschenk, Klaus: Der Hochbegabte – eine bundesdeutsche Un-Person? [In:] Sonderpädagogik. Vierteljahresschrift über aktuelle Probleme der Behinderten in Schule und Gesellschaft, Berlin, 9.Jahrgang (1979) Heft 1, S.42-44.

Werder, Hans: Wie begabt sind Hochbegabte? [In:] Psychologie & Erziehung, Solothurn, 23 (1997) 1, S.25-45.

Whitmore, J.R: Giftedness, Conflict and Underachievement. Boston: Allyn & Bacon 1980.

Wieczerkowski, Wilhelm / Wagner, Harald (Hrsg.): Das hochbegabte Kind. Düsseldorf: Pädagogischer Verlag Schwann 1981.

Wieczerkowski, Wilhelm / Wagner, Harald: Diagnostik und Hochbegabung. In: Tests und Trends 4. Hrsg.: R.S. Jäger, R. Horn und K. Ingenkamp. Weinheim: Beltz 1985. S.109-134.

Wieczerkowski, Wilhelm / Cropley, Arthur J.: Preface. In: Identifying and Nurturing the Gifted: An International Perspective. Hrsg. Kurt A. Heller und John F. Feldhusen. Bern: Hans Huber 1986, S.11-18.

Wieczerkowski, Wilhelm: Vier hochbegabte Grundschüler in beratungspsychologischer Perspektive. [In:] Psychologie in Erziehung und Unterricht, München, Basel, 45.Jahrgang (1998), S.143-159.

Wild, Klaus-Peter: Identifikation hochbegabter Schüler. Lehrer und Schüler als Datenquellen. Hrsg.: Detlef H. Rost. Heidelberg: Asanger Verlag 1991.

Wild, Klaus-Peter: Hochbegabtendiagnostik durch Lehrer. In: Lebensumweltanalyse hochbegabter Kinder. Das Marburger Hochbegabtenprojekt. Hrsg. Detlef H. Rost. Göttingen, Bern, Toronto, Seattle: Hogrefe Verlag für Psychologie 1993 (= Ergebnisse der Pädagogischen Psychologie, Band 11), S.236-250.

Wilms, Dorothee: Begrüßungsansprache als Schirmherrin der 6. Weltkonferenz. In: Hochbegabung - Gesellschaft – Schule. Ausgewählte Beiträge aus der 6. Weltkonferenz über hochbegabte und talentierte Kinder in Hamburg vom 5. bis 9. August 1985. Hrsg. Bundesminister für Bildung und Wissenschaft. Bad Honnef: Bock 1986 (= Schriftenreihe Studien zu Bildung und Wissenschaft 35), S.12-17.

Winner, Ellen: Hochbegabt. Mythen und Realitäten von außergewöhnlichen Kindern. Stuttgart: Klett-Cotta 1998.

Wissenschaftsrat (Hrsg.): Empfehlung zur Förderung besonders Befähigter. Empfehlungen und Stellungnahmen 1981. Köln: Selbstverlag 1982.

Zehetmair, Hans: Hochbegabtenförderung – ein notwendiger Dienst an einer demokratischen Gesellschaft. In: Dokumentation. Kongress Hochbegabtenförderung vom 15.-16. Juli 1998. Hrsg. Bayerisches Staatsministerium für Unterricht, Kultus, Wissenschaft und Kunst in Zusammenarbeit mit der BMW AG. München: Selbstverlag 1998, S.15-24.

Mündliche Information:

Bildung und Begabung e.V., Herr Dr. Wagner
Wissenschaftszentrum,
Postfach 20 14 48, 53144 Bonn.

Freie Schule Rostock, Frau Meister
Augustenstr.20,
18055 Rostock.

Hochbegabtenförderung e.V., Frau Billhardt
Bundesgeschäftsstelle,
Am Pappelbusch 45, 44803 Bochum.

Jugenddorf, Betreuungs- und Begegnungsstätte der Karg-Stiftung, Frau Ramin
Gundelachweg 7,
30519 Hannover.

Jugenddorf-Christophorusschule, Frau Brauers
Georg-Westermann-Allee 76,
38104 Braunschweig.

Niedersächsisches Kultusministerium, Frau Burbat
Schiffgraben 12,
30159 Hannover.

Abbildungsverzeichnis

Zeitfracht Medien GmbH
Ferdinand-Jühlke-Straße 7
99095 Erfurt, Deutschland
produktsicherheit@kolibri360.de